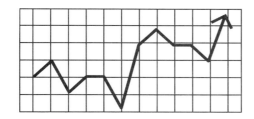

ていねい図解!
初心者のための
投資信託教本

独立系FP/財務アドバイザー 福田 由美

第 0 章

はじめに

何故私がこの本を書こうと思ったか。色々な方と投資信託の選び方の話をするたびに、いかに「一言で言い表せない」と実感するから、これに尽きます。

　資産運用の知識やそれを実行する手立てをお伝えするのに、セミナーなら、場合によっては何回も通っていただかなければならず、また、その方のご経験や前知識によっては、数回通っていいただくだけでは説明しきれませんでした。最終の説明に到達する前に、ご自身の目的にたどり着ける方もいらっしゃらなくはないですが、多くの場合、私の中に、不足感が残ります。私が感じるのですから、受講していただく方には、尚更なことでしょう。アンケートで満足だったと書かれている場合でも、私側からすると、もっと説明したかったと思うのです。

　そこで、私が伝えたいことを一冊の本にまとめることにしました。本があれば、個々人の方によって異なる疑問に対応する部分を重点的に選んで読んでいただくこともできます。セミナーですと、前知識がある程度似たような方々を集めてセミナーをしたい。そのようにした方が、参加された方の満足度も上がると、前編、中編、後編のように、別々に設定し、出たいところに出ていただくようにもしてみました。正直なところ、投資初心者の方は、その三回すべてに参加するのをおすすめしたいところ、多忙な方も多く、一部だけの参加ということもままあります。本で全体をお伝えすることができれば、前知識を限定する必要がありません。

　今回、本を出版するにあたり、紙媒体の本にこだわりました。電子書籍だけではなく、書店で購入できる本にこだわったのは、図や実際の画面をたくさん使った実用書にし、より多くの方に実物の本を手に取ってパラパラでもいいので、見てもらいたかったこと。購入していただいた暁には、紙媒体の本をPCの横に置き、画面と見比べながら、ときにアンダーラインも引きながら、自分の資産形成に向き合ってもらえる実用本にしたかったこと。何度も何度も反復して利用してもらえる本にしたかったこと。そういう思いからです。電子書籍の発行が増える中、私の話に耳を傾けてくださった、日本橋出版の大島代表に、心から感謝したいと思います。

この本は実用書なので、最初から最後まで順番に読み進めていただく必要はありません。また、ご自身に知識がある部分の章は、飛ばしていただいて良いように書きました。是非、目次を見て、読みたいところから読んでいただければと思います。

　どこの証券会社にも、モーニングスター社にも所属しない私が書くことにも、意味があるとも思いました。一企業の商品を宣伝したいわけではないということです。一利用者として、利用の仕方を説明しています。また、この分野では、私より詳しい方がたくさんいらっしゃるかと思います。同じお仕事をしているファイナンシャルプランナーの先輩たちもいらっしゃるでしょう。私がこれを書くのは恐縮だと思う部分も多々ありますが、現在関わっているクライアントやお客様、セミナーでお会いする方々をイメージして、書かせていただきました。こんな説明は必要ないという箇所もあるかもしれません。また、調べ方は一つではありません。他にいい方法があるかもしれません。今後の参考にもしたいので、お言葉寄せていただければと思います。

2021 年 10 月 31 日　福田由美

目 次

はじめに

目次

第1章　投資信託って何だろう ……………………… 8

1 投資信託って、お金の集まりが、何かに運用されている

2 基本的な用語の説明

3 公社債投資信託ってなに？

4 インデックスファンドとアクティブファンドって、どっちがいいの？

第2章　投資信託の基本のキ ……………………… 20

1 そもそも「リスクヘッジ」って何？

　　「複数持つことでリスクヘッジできる」ってどういうこと？

2 資産配分とポートフォリオの重要性

第3章　投資信託を始めるために ……………… 34

1 これだけ揃えたら始められる

2 スマートフォンがいいか、パソコンがいいか

3 まずは試しにやってみる

第4章　バランス型ファンドのススメ ………… 42

1 SBI証券で検索してみよう

2 楽天証券で検索してみよう

3 モーニングスターで検索してみよう

第5章　モーニングスターサイト活用術 ……… 104

1 モーニングスターで、自分のポートフォリオを組んでみる

2 モーニングスターで、投資信託を選んでみよう【株式投資信託】

3 モーニングスターで、投資信託を選んでみよう【公社債投資信託】

第6章　そもそも「バランス型ファンド」ってなに？ そのメリット・デメリットとは？ …… 164

1 バランス型ファンドとは

2 バランス型ファンドのメリット

3 バランス型ファンドのデメリット

第7章　つみたてNISAとiDeCo ………………… 172

1 つみたてNISA

2 iDeCo

3 つみたてNISAで、投資信託を選んでみよう

4 iDeCoで、投資信託を選んでみよう

おわりに

本書を読む上での注意点

1. 本書で紹介しているウェブサイト、サービス内容、コンテンツ情報については、
   2020年5月下旬～２０２１年3月末時点での内容です。

2. 本書の目的は、使い方であり、紹介したウェブサイトのサービス内容や
   コンテンツ情報は、余儀なく変更になる場合があります。

第1章

投資信託って何だろう

第1章 投資信託って何だろう

　この本は、「投資信託の選び方」の実用書ですが、避けては通れない、「投資信託って何だろう」ということについて、最初にお話したいと思います。世の中で、投資信託という言葉はかなり市民権を得てきましたが、お話をしていると、実際に投資信託を持っている人も、持っていない人も、投資信託についてまだまだ漠然としたイメージしか沸いていない人が多い気がします。

1 投資信託って、お金の集まりが、何かに運用されている

（1）投資信託とは
　投資信託とは、一般に広く多数の人々から集めた資金を株式や債券など様々な投資先に分散して運用する金融商品です。株式や債券以外にも、他の金融商品が入っていることもあります。

　資金を出した人のことを、投資家と呼びます。投資信託は、短縮して投信と言ったり、外来語でファンドと言ったりもします。投資信託には、販売会社（証券会社や銀行など）・受託会社（信託銀行など）・運用会社（投資信託会社など）が関わっています。

（2）投資信託の種類
　投資信託には、その中身によって大きく2つの区分があります。
①株式投資信託

株式を組入れて運用することができる投資信託

②公社債投資信託

株式を一切組入れず、国債や社債など債券（公社債）を中心に運用する投資信託

２ 基本的な用語の説明

投資信託を知るために、必要な用語を説明します。本来、自分が投資信託を買うかどうかを決めるとき、その投資信託がどんなものかを知るためには、「目論見書」や「運用報告書」を見る必要があります。特に「目論見書」は、その投資信託の発行者が投資家に提供するために作成される情報開示文書で、投資信託を購入する際には販売者が必ず提供してくれます。また、各社ウェブページからダウンロードしたり郵送請求行えたりして、投資信託を購入する前に入手することが可能です。購入するときに、書類に書いてあることを全て完璧に理解出来なくてもそこまで心配しなくても大丈夫です。最低限知っておくとよい用語をここに説明しておきます。

既に知っているという方は、ここは飛ばして、検索の仕方の章にお進みください。

特定の投資信託の「目論見書」や「運用報告書」を見るときに、基本的にチェックする用語は、以下の通りです。

（1）コスト（経費）

コストとは費用や経費と言う意味で、投資信託に関して使用する際には、その投資信託にかかる全般の費用のことを指します。投資信託は、証券会社、信託銀行、投資信託会社などのプロに企画、運用、管理、販売されているため、当然、それぞれの法人のサービスに対してお金を払います。また、実際にその投資信託を維持するためにかかっている経費も私たち購入者が負担します。投資信託の種類や中身によって、その費用は変わります

が、例えば、色々な会社や国に分散投資されている投資信託には、様々な費用が掛かることは想像するに優しいと思います。自分で個人的に世界の株式を一つ一つ取引したら、相当資金が必要です。多くの資金を集めているからこそできることに対しての費用は必要です。ただ、その費用が、その投資信託を持つことで得られるリターンに見合っているかどうかを確認することが大切です。

投資信託のコストには、特に次の３つがあると、一般的に説明されています。

■販売手数料

投資信託を**購入する際に、販売会社に支払うコスト**。販売手数料は、販売会社がある程度自由に決められるので、同じ投資信託でも購入する証券会社や銀行によって、異なる手数料割合であることがあります。販売会社側は、販売手数料以外にも信託報酬が得られる仕組みのため、販売手数料を取らずに販売してくれる投資信託もたくさんあります。販売手数料無料の投資信託を、ノーロード投信と呼びます。

■信託報酬

投資信託を管理・運用してもらうためのもので、**投資信託を持っている期間ずっと差し引かれる費用**です。信託報酬は、販売会社・受託会社・運用会社３社で配分して受け取ることになっていて、その比率は、目論見書に記載されています。運用にかかる費用、運用報告書の作成費や発送費、資産の保管のための費用などが含まれます。

■信託財産留保額

信託期間の途中で、**投資信託を換金した場合に徴収される費用**のこと。投資信託を売って現金に換えるとき、自分は換金をして投資をやめていくわけですが、その投資信託には年間でかかるものなど引き続き必要なコストがあります。ですので、換金する人が支払うこの信託財産留保額でそのコストを埋め合わせするわけです。これを支払わないとそれらのコストは

11

残存する受益者（投資信託を引き続き持っている人たち）が負担すること
になります。不公平が生じないように回避目的として徴収されます。ただ、
こちらも最近は、無料の投資信託が増えています。

　その他、上記以外の費用が掛かることがあります。
■その他の費用
　その他の費用には、監査費用や売買委託手数料が含まれます。投資信
託の資産全体若しくは一部にかかる費用のため、自身が持っている投資信
託1本にかかる費用額が分かりにくいのですが、かかった費用全体をその
時点での口数で割って、おおよそその期ではどのくらいのパーセンテージ
だったかは、実績として割り出せます。

　監査費用はその投資信託の純資産の大きさに関係なくかかります。売買
委託手数料については、頻繁に組入れ資産の入れ替えを行う投資信託の場
合、株や債券の売買高も大きく、そのコストはかさみます。運用報告書に、
その他経費の支払い実績が掲載されていますし、投資信託の金融情報サイ
ト大手のモーニングスターのウェブサイトで確認できるものもあります。

　パンフレットや目論見書には、基本的な3つのコストは必ず明示されて
いるので、買う前に確認してみてください。

販売手数料	購入する際に、販売会社に支払う費用
信託報酬	投資信託を持っている期間ずっと差し引かれる費用
信託財産留保額	投資信託を換金した場合に徴収される費用

　この3つに、その他の費用が含まれた費用全体が、コスト（経費）とな
ります。

（2）リターン＆リスク
　①リターンとは

投資の結果、投資信託から得られる収益のことを指します。リターンが高いことを、パフォーマンスがいいとも言います。

②リスクとは
投資においては、「結果が不確実であること」を意味し、リターンのばらつきのことを指します。価格、金利、為替、信用などの変動によって、リターンが上下に揺れるその差がリスクです。

リスクとリターンは、表裏一体の関係にあります。高いリターンを狙えばその分リスクも高くなりがちです。「ハイリターン・ハイリスク」「ローリターン・ローリスク」というのはここからきています。

図 イメージ

リターン	リスク
3	3
2	2
1	1

（3）シャープレシオ
リスクに対してどれだけのリターンを得たかを表す代表的な指標のことです。複数の投資信託を比べる際に、同じリスクをとった場合、どちらのリターンが高かったかを見ることができます。より高いシャープレシオの投資信託の方が優秀ということになります。

$$\text{シャープレシオ} = \frac{（ポートフォリオのリターンの平均値—無リスク資産のリターンの平均値）}{ポートフォリオの標準偏差}$$

因みに、シャープレシオは、異なるリスクの大きさの商品を比べることはナンセンスです。株式と公社債などで比較するのではなく、株式なら同じ株式同士で比較する際に使用します。

（4）運用資産の大きさと推移（資金の流入・流出）

　投資信託の運用資産というのは、純資産総額から費用を引いたもの、すなわち、運用に回せる金額です。純資産総額というのは、その投資信託全体の金額のその日の時価です。基本的には、基準価額×口数で計算をして算出された答えが純資産総額です。基準価額がいくらかを気にするよりも、基準価額に口数をかけた全体の純資産金額の方が重要です。そして、その資金を管理してもらう訳ですから、当然費用はかかります。そういった費用を引いたものが、運用に回せる運用資産です。

　概して、運用資産の大きさが投資信託の良し悪しにどのように関係するかというと、運用資金が安定して大きい方が、投資信託を安定的に運用できるため、好ましいわけです。大きい方がいいというのが原則で、小さいより大きい方がいいのですが、更に、資産量が安定している方が運用する側からいうとやりやすいです。資金が急激に増えたり、減ったりすると、投資信託としての運用に影響があります。

　資金の流入・流出というのは、投資信託に入ってきた資金と出て行った資金の差引で、入ってきた資金の方が多ければ流入、出て行った資金の方が多ければ流出している局面です。流出が多ければ、ファンドマネージャーは意図しない時期に保持している株や債券を売却しなければならないかもしれません。反対に、流入が必要以上に大きくても、ファンドマネージャーは運用上やっかいだったりします。一つの銘柄に多くの資金で投資することになるため、価格が上がってコスト高になってしまう可能性もあります。また、投資範囲に制限が出ることがあるのです。実は投資信託にはそれぞれ方針があり、例えば、「1銘柄にその会社全体の〇％以上投資しない」というルールがあると、必然的に時価総額がより大きな企業でないと投資できなくなるという訳です。運用資産の大きさ、またその推移は、確認しておく必要があります。出て行く資金が大きいときには、何らかの背景や理由があると考えられます。資金の流出が長く続いている投資信託は、選択肢から外しておく方がいいでしょう。

❸公社債投資信託ってなに？

－　信用リスクとデュレーション

　投資信託というと、株式が含まれている気がする人も多いようですが、株式を一切組入れず国債や社債など債券（公社債）を中心に運用する投資信託のことを、公社債投資信託と言います。少しでも株式が含まれていると、公社債投資信託には分類されず、株式投資信託に分類されます。

　公社債投資信託では、株式投資信託でチェックするポイントに加えて、別に２つチェックするポイントがあります。その際に知っておきたい用語を説明します。

（1）信用リスク

　公社債投資信託には、いくつかの債券が入っています。それら債券には、それぞれ、格付け会社の格付けランクが付けられています。その債券を発行する発行体の財務状況に応じて、倒産する可能性はないかなどの信用度を格付けで評価するものです。どのレベルの債券に投資している投資信託かを確認しておく必要があります。表示方法は格付機関によって変わりますが、例えば、スタンダード＆プアーズは以下のようなランクになっていて、AAA が最も高い評価、D が最も低い評価です。BBB 以上が投資適格レベルですので、冒険をする必要がなければ、これ以上の債券に投資している投資信託かどうかの確認が必要です。

←　良いランク						悪いランク　→			
AAA	AA	A	BBB	BB	B	CCC	CC	C	D

　「ハイ・イールド債」という言葉が投資信託の商品名に入っているのを見たことがあるかもしれませんが、「ハイ・イールド債」というのは、信用格付けが BB 以下で低いけれども、利回りが高い債券のことです。商品名にこの言葉が付いていたら、そういった債券に投資している投資信託とい

うことになります。単独で持つことはおすすめできません。そのリスクを
理解し、持つとしても、ポートフォリオの中の一部に限定するべき商品です。

(2) デュレーション

　２つの意味があり、一つ目は、債券投資における、元本の平均回収期間
を示す指標です。二つ目は、金利変動による債券価格の感応度を示す指標
です。債券には、金利変動リスクがあります。金利が上がると債券価格は
下がり、金利が下がると債券価格は上がり、その反応の大きさを示すこの
デュレーションという数値で、金利変動リスクを知っておきます。デュレー
ションが長いほど金利変動の影響を受けやすく、短いほどリスクが抑えら
れる一方でリターンも低くなります。公社債の投資信託を選ぶ際には、デュ
レーション項目の数値が３～８の間に収まっているものを目安にするとい
いそうです。

4 インデックスファンドと
　 アクティブファンドって、どっちがいいの？

　インデックスファンドというのは、あらかじめ定めた**指数（インデック
ス）に連動することを目標に**運用する、投資信託のことです。指数には、
日本株式なら TOPIX や日経平均株価、米国株式なら S&P500 やダウ平
均株価、世界株式なら MSCI コクサイ・インデックスなどがあります。

主なインデックス

日本株式	TOPIX	東証株価指数のことで、東証一部に上場している約2,000社の国内株式全銘柄で構成されている指数
	日経平均株価	通称「日経225」と呼ばれ、日本経済新聞社が選んだ、東証一部に上場している225銘柄で構成されている指数

16

米国株式	S&P500	主要上場市場が米国の取引所(ニューヨーク証券取引所、ナスダック等)に上場している米国株式銘柄から選ばれた代表的な500銘柄の株価を加重平均し、指数化したもの
	ダウ平均株価	ダウ・ジョーンズ社が1884年に世界初の株価指数の算出を始めたもので、12銘柄からスタートし、現在は30銘柄で構成されている指数
世界株式	MSCIコクサイ・インデックス	モルガンスタンレー・キャピタル・インターナショナル社が提供する日本を除く先進国の上場企業株価動向を示す代表的な指数

こういう指数に連動することを目標とするので、指数が上がれば投資信託も上がるし、指数が下がれば投資信託も下がります。つまり、同じインデックスを指標にしている投資信託は、みんな同じ数値を目標にしている訳ですから、多少差があるものの同じような動きをします。同じような結果が待ち受けているということです。つまり、その場合には、コストを特に意識することが最も大切。コストが低い投資信託が、私たち投資家に最も良いリターンを与えてくれる可能性があるということになります。

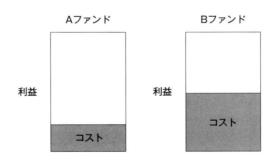

対して、アクティブファンドというのは、それら指数を**上回る運用成果を目指す**投資信託のことで、ファンドマネージャーが、それぞれの投資信託で決められた運用手法の条件に則しながら、積極的かつ戦略的に投資対象や組入れ比率などの投資判断を行います。よって、アクティブファンドの方が、インデックスファンドよりも、コストがかさむ可能性があり、リ

ターンとコストとシャープレシオを比較する意味合いが高まります。コストより高いパフォーマンスを実現してきたかということを確認します。具体的には、過去の運用実績とコストを比較します。

| インデックスファンド | コストを最重要視した選び方 |
| アクティブファンド | 過去の運用実績とコストとの比較 |

　本書は前提として、資産運用初心者の方、またあまりリスクをとりたくない方対象に書かれていて、コストが低いものを選ぶ方向で選び方を紹介しています。初心者だから、インデックスファンドが良いとは一概に言えませんが、商品を選ぶ際にコスト低めのもので検索すると、アクティブファンドよりインデックスファンドの方が上位表示される可能性が高くなります。アクティブファンドを選ぶときは、コストを上回るパフォーマンスのアクティブファンドを探します。一般的な投資信託の本や雑誌でも、コストを最初の条件にしていることが多いので、インデックスファンドが紹介される割合は高いです。本書でも、インデックスファンドが多く出てきます。

　「インデックスファンドとアクティブファンドって、どっちがいいの？」この質問に対する、１つの明確な答えはありません。昨今のような世界的に不透明要因が多く不確実性の高い市場では、今後、指標だけに頼る運用では、十分な運用益が確保できるか不安だという声もあります。アクティブファンドの中にも、コストを意識した商品が出てきています。アクティブファンドという一言でまとめられていますが、インデックスファンドのように同じ指標で括られている訳ではないので、こちらは中身が様々なのです。

　スクリーニングする際の条件で、最初からインデックスファンドのみを選択肢とせず、自身の投資目標、期間、リスク許容度などの条件を入れながら、リスクを取り過ぎない方法で絞り込んでいき、インデックスファンドもアクティブファンドも両方選ばれてくれば、両方とも取り入れる。そ

んなハイブリッドな時代になっていくかもしれません。

まとめ

　正直、初心者の方には、この章が一番難しいと思います。投資信託の用語を見ると頭が痛くなるという人もいるかもしれません。ですが、心配することはありません。この章は最初さらっと読み流してください。後半の実践を進めながら、実際にそのキーワードに出会ったときに、戻って読み直してもらうのに使うのがいいと思います。

　「**習うより慣れろ**」で、是非、実践に進んでください。

第 2 章

投資信託の基本のキ

■1 そもそも「リスクヘッジ」って何？「複数持つこと でリスクヘッジできる」ってどういうこと？

（1）そもそも「リスクヘッジ」って何？

　ここでいうリスクヘッジは、将来予測できない危険性に対しての損失を防ぐ防衛策ということ。

　新語時事用語辞典によれば、「『リスクヘッジ』は英語 risk hedge に由来する語である。risk は危険性、hedge は生け垣、転じて防衛策を意味し、risk hedge は危険性に備えてとる策を意味するが、英語ではもっぱら金融の専門語として用いられる。」と記されています。日本でも、金融の世界で良く用いられていて、最近では投資信託などでも良く聞くようになりました。

（2）投資信託を1本だけ持つのはだめですか？

　前提として資産運用初心者の方向けに書いていて、現預金や保険商品以外の商品をあまりお持ちでない方についてお話します。結論から申し上げますと、一部商品を除きほとんどの商品は、2本以上持たないと、リスク分散になりません。それが、何本なのかというのは、その場合によって異なりますが、本書籍では5本くらいのパターンまでご紹介します。1本だけ持っているのは手落ちの場合があります。投資信託でも複数本持った方がいいというのは私がおすすめしていることですが、意外と1本しか持ったことがない。1本を売って、次の1本を買うという人が多いと感じています。

　投資信託は、様々な商品に分散して運用する商品ではありますが、どの投資信託でも、リスク分散がそれだけで全体的にできているということとは、少し違います。投資信託商品が作られるときには、商品企画をしてそのルールに則って商品が作られるため、投資信託ごとに、「債券を投資対象にする、株式を投資対象とする、両方混ぜる、国内を対象とする、海外を対象とする」など、それぞれ違った性質を持った商品になっています。

　上記で挙げた「一部商品を除き」の「一部」というのは、いくつかの資

産クラスが混じったバランス型ファンドのことなのですが、投資信託の多くはバランス型ファンドではありません。1本だけを保有するのではなく、その商品の性質を把握して複数本の商品を組み合わせて持つことによって、リスク分散を図ることができます。

　金融商品を組み合わせる際には、相関関係を考えます。株式と債権は、負の相関関係（逆相関関係）があり、国内株式と海外株式は、正の相関関係があると言われています。分散投資の効果を最大限に発揮したければ、できるだけ負の相関関係が高い商品を組み合わせることが大切です。

（3）資産運用が今注目を浴びる背景

　この本の主題は、「どうして今投資か」という話ではありません。その点は自分の中で明確になって実際投資に踏み込まれたい方が、一度は必ず迷われるであろう商品選びの部分にフォーカスするのがこの本の目当てです。ですが、ここで少しだけその背景を示すので、不要な方は、読み飛ばしてください。

＊貯蓄から投資への流れ・背景＊

　昨今医学の進歩が甚だしく、寿命が延びて高齢化。人間というのは〇歳くらいで死ぬものだと誰しも漠然とイメージを思っていたのが、100歳くらいまで生きる人が増えている現代は、「人生100年時代」です。更に、近年はデフレ状態が続き、低金利時代が長く続いています。

　主な年齢の平均余命と、平均寿命の年次推移は、この通り。

第2章

投資信託の基本のキ

表1 主な年齢の平均余命　(単位　年)

年齢	男			女		
	平成30年	平成29年	前年との差	平成30年	平成29年	前年との差
0歳	81.25	81.09	0.16	87.32	87.26	0.05
5	76.47	76.30	0.16	82.53	82.48	0.05
10	71.49	71.33	0.16	77.56	77.50	0.05
15	66.53	66.37	0.16	72.58	72.52	0.06
20	61.61	61.45	0.16	67.63	67.57	0.07
25	56.74	56.59	0.15	62.70	62.63	0.07
30	51.88	51.73	0.15	57.77	57.70	0.07
35	47.03	46.88	0.15	52.86	52.79	0.07
40	42.20	42.05	0.15	47.97	47.90	0.07
45	37.42	37.28	0.14	43.13	43.06	0.07
50	32.74	32.61	0.13	38.36	38.29	0.07
55	28.21	28.08	0.13	33.66	33.59	0.07
60	23.84	23.72	0.12	29.04	28.97	0.07
65	19.70	19.57	0.13	24.50	24.43	0.07
70	15.84	15.73	0.11	20.10	20.03	0.07
75	12.29	12.18	0.11	15.86	15.79	0.07
80	9.06	8.95	0.12	11.91	11.84	0.08
85	6.35	6.26	0.09	8.44	8.39	0.06
90	4.33	4.25	0.08	5.66	5.61	0.05

表2 平均寿命の年次推移　(単位　年)

和暦	男	女	男女差
昭和22年	50.06	53.96	3.90
25-27	59.57	62.97	3.40
30	63.60	67.75	4.15
35	65.32	70.19	4.87
40	67.74	72.92	5.18
45	69.31	74.66	5.35
50	71.73	76.89	5.16
55	73.35	78.76	5.41
60	74.78	80.48	5.70
平成2	75.92	81.90	5.98
7	76.38	82.85	6.47
12	77.72	84.60	6.88
17	78.56	85.52	6.96
22	79.55	86.30	6.75
27	80.75	86.99	6.24
28	80.98	87.14	6.16
29	81.09	87.26	6.17
30	81.25	87.32	6.06

注 1) 平成27年以前は完全生命表による。
2) 昭和45年以前は、沖縄県を除く値である。

表1 主な年齢の平均余命　(単位　年)

年齢	男			女		
	平成30年	平成29年	前年との差	平成30年	平成29年	前年との差
0歳	81.25	81.09	0.16	87.32	87.26	0.05
5	76.47	76.30	0.16	82.53	82.48	0.05
10	71.49	71.33	0.16	77.56	77.50	0.05
15	66.53	66.37	0.16	72.58	72.52	0.06
20	61.61	61.45	0.16	67.63	67.57	0.07
25	56.74	56.59	0.15	62.70	62.63	0.07
30	51.88	51.73	0.15	57.77	57.70	0.07
35	47.03	46.88	0.15	52.86	52.79	0.07
40	42.20	42.05	0.15	47.97	47.90	0.07
45	37.42	37.28	0.14	43.13	43.06	0.07
50	32.74	32.61	0.13	38.36	38.29	0.07
55	28.21	28.08	0.13	33.66	33.59	0.07
60	23.84	23.72	0.12	29.04	28.97	0.07
65	19.70	19.57	0.13	24.50	24.43	0.07
70	15.84	15.73	0.11	20.10	20.03	0.07
75	12.29	12.18	0.11	15.86	15.79	0.07
80	9.06	8.95	0.12	11.91	11.84	0.08
85	6.35	6.26	0.09	8.44	8.39	0.06
90	4.33	4.25	0.08	5.66	5.61	0.05

表2 平均寿命の年次推移　(単位　年)

和暦	男	女	男女差
昭和22年	50.06	53.96	3.90
25-27	59.57	62.97	3.40
30	63.60	67.75	4.15
35	65.32	70.19	4.87
40	67.74	72.92	5.18
45	69.31	74.66	5.35
50	71.73	76.89	5.16
55	73.35	78.76	5.41
60	74.78	80.48	5.70
平成2	75.92	81.90	5.98
7	76.38	82.85	6.47
12	77.72	84.60	6.88
17	78.56	85.52	6.96
22	79.55	86.30	6.75
27	80.75	86.99	6.24
28	80.98	87.14	6.16
29	81.09	87.26	6.17
30	81.25	87.32	6.06

注 1) 平成27年以前は完全生命表による。
2) 昭和45年以前は、沖縄県を除く値である。

出典：平成30年簡易生命表　（厚生労働省　厚生労働統計一覧より）

　この本を手に取られている方の年代は、どのくらいでしょうか。私より
ご年配の方もいらっしゃれば、かなり若い方もいらっしゃるかと思います。
私がセミナーをするときに来られる方も、年齢は様々です。戦後というと、
そのイメージは、相当の昔と思われる世代の方もいらっしゃるでしょうが
実際には、自分たちの親世代や祖父母世代が生きた時代で、終戦の1945
年（昭和20年）は、100年前はおろか、たった75年前。

この厚生労働統計の簡易生命表の表2を見ると、昭和22年（1947年）の平均寿命は、男性50.06歳。女性53.96歳。この時代が戦後の日本だと思えばこの時点と今を単純に比較するのは極端かもしれません。例えば、昭和30年（1955年）は、戦後の10年後、この時点と比較してみましょう。当時の平均寿命は、男性63.60歳、女性67.75歳です。63年後の平成30年（2018年）は、平均寿命が男性81.25歳、女性87.32歳。それぞれ、男性17.65歳、女性19.57歳、伸びているのです。

では、平成30年（2018年）から63年後の2081年は、一体どうなっているのでしょうか。医学の進歩が、更に目覚ましくなっていくのでしょうから、もしかすると、男性は17.65＋α歳、女性は19.57＋α歳も伸びているかもしれません。平均寿命がこれですから、既に現年齢まで生存しているわが子世代は、最終的に何歳まで生きるかと思うと恐ろしくすらあります。人生100年時代になってきていると実感します。

（4）平均寿命と資産寿命

さて、皆さんは、資産寿命という言葉をお聞きになられたことがあるでしょうか。最近は新聞等のメディアにも取り上げられていて話題のキーワードですし、2019年6月の「老後2000万円問題」の発端となった報告書、金融審議会市場ワーキンググループ報告書「高齢社会における資産形成・管理」にも使われています。ファイナンシャルプランナーの間でも、一般的に使われる言葉で、老後の生活を営むにあたって、それまでに形成した資産が尽きるまでの期間を表す言葉です。今持てる自分自身の資産の資産寿命を20年延ばそうと思えば、色々工夫が必要なのは明らかです。しかも、20年延ばそうとする将来のその時代は、既に現役でない時期かもしれません。つまり、既に定年後という可能性が十分あり得るでしょう。健康寿命は当然延ばさないといけないわけですが、80歳以降はどうしても医療費や介護費がかかりがちです。昨今、投資に対する意識が上がり、「貯蓄から投資へ」の備え意識が上がるのは当然ですし、万が一、現時点で気付いていない場合には、意識を上げていかなければなりません。

資産寿命を延ばす最善策は、**「現役時代に収入を増やす」「できるだけ長**

く働く」のが有効です。とはいえ、直ぐに職業を変えたり、副業ができたり、はたまた定年後も雇用延長して働ければいいのですが、状況によっては難しいでしょう。もう一つの策として、投資を始めて「資産を運用する」という方法を加えるのは賢明です。その際に利用する金融商品で、比較的ハードルが低いのが投資信託です。一つ一つの商品に、いくつもの投資商品が入っているので、ある程度の分散が見込まれるからです。

（5）持っている投資信託の種類を知る　＝
　　　　　資産クラス（カテゴリー）を推測する

　投資信託を選ぶ際には、自分が選ぶ投資信託が、どのような種類の投資信託に分類されるのかというのを理解して、選びます。どのような種類の投資信託かというその分類のことを、資産クラス（カテゴリー）と言います。（資産クラスについての詳しい説明は、後述にあります）

　投資信託の名前から、おおよそどのような種類の投資信託なのかを推測します。例えば、「国内なのか海外なのか。先進国なのか新興国なのか。株式なのか債券なのか。格付けの高い債券かそうでないのか。インデックス型なのかアクティブ型なのか。」という種類です。正確には、一つ一つの投資信託の目論見書で判断するのが良いですが、名前からでもざっくり推測できます。投資信託の名前を分解して、名前に入っているキーワードを見つけることで所有している投資信託の種類を知る、つまり、資産クラスを推測するということになります。

　多いネーミングは、

運用している会社名

＋

何を買っている投資信託か

＋

投資信託の特長

　以下のようなキーワードが投資信託の商品名に入れられていることが多

いです。

（キーワード例）

日本	先進国
ジャパン	米国
TOPIX	ナスダック
日経225	S&P
国内	国名
新興国	**株式型**
エマージング	株
アジア	株式ファンド
アフリカ	株式F
国名	高配当株式
債券型	**リート**
国債	J-REIT
社債	Jリート
公社債	国内リート
債券	グローバルリート
ボンド	アジアREIT
	アジアリート
	USリート
	米国リート

　勿論、他にも色々あると思いますが、こんなキーワードで資産クラス（カテゴリー）が推測でき、投資信託を選ぶときの参考にします。

（6）複数持つことで、リスクヘッジする

　長くなりましたが、さて、本題に入っていきましょう。勿論、お持ちの投資信託の1本だけに、色々な資産クラスの投資商品が入っているものもあります。それは、バランス型ファンドと呼ばれているものです。株と債券のバランス型。株と債券とリートと金などの商品（コモディティ）とのバランス型。日本と海外のもののバランス型。異なる資産クラスの金融商品が入っている投資信託です。

　本書を読まれている方は初心者の方が多いと思うのですが、預貯金や保険商品以外の金融商品をあまり持っていない方が、バランス型ではない投資信託を1本だけに絞っているのは少し心配です。例えば、インデックスファンドがいいと聞いたからと、日本の TOPIX 連動型 、又は米国のS&P500 連動型を1本だけ持っているというケース。「投資信託って、既に分散されているんですよね？」と恐々言われます。

　分散されているかどうかと言えば、分散がされていないことはありません。部分的には分散されています。倒産リスクは、それぞれの会社にあり、それが何社か集められていれば、全部が倒産する確率は低いでしょう。そうではありますが、それは、あくまでもその資産クラスの中での分散です。似たような金融商品の中のリスク分散ということです。例えば、日経平均連動型の投資信託であれば、日本の株式中でも、東証一部上場銘柄のうち、代表的な 225 銘柄を組み込んだものを基に計算されています。日本には昨今約 400 万社以上の会社があると言われていますが、東証1部に上場している企業は、そのうちの 2,171 社（2020 年5月 20 日現在：日本取引所グループ JPX 更新データ）です。そして、日経平均株価というのは、2,171 社のうちの 225 社。その中での分散ということになります。また、TOPIX は、Tokyo stock price index の頭文字などをとって作られた言葉で、東京証券取引所第一部上場株式銘柄を対象としていて、日本株のベンチマークとなっています。

　けれども、日本の取引所は東京だけではありません。名古屋証券取引所、福岡証券取引所、札幌証券取引所、またそれぞれの取引所にそれぞれ新興市場があります。マザーズやジャスダックが有名です。うち、東京証券取

引所と名古屋証券取引所には、一部のみならず、二部もあります。仮に、その日経２２５や、TOPIX に連動している投資信託を持っていたとして、日本の市場全体が不景気傾向にあり、多くの企業の株価が下がった場合、自分の資産のリスクを分散していると言えるでしょうか。持っている１本、若しくは２本が、下がっていくのを見ているだけとなります。

　投資信託であっても、１本だけ保有というのは、おすすめでないということがお分かりいただけたかと思います。他資産との兼ね合いで、他の資産カテゴリーの金融商品を既に持っている方は、投資信託ではこの資産カテゴリーの１本のみというのは、勿論問題ありません。「複数本の商品を持つことでリスクヘッジ」できるというのは、こういうことです。今後新しい投資信託を買うのであれば、既に保持している投資信託がどこの資産クラスに分類されるのかを理解し、２本目、３本目は、それと違う種類の投資信託を選んでいく、これが、複数本の商品を選ぶときに、大切なことになります。分散効果を得るコツです。

２　資産配分とポートフォリオの重要性

　複数本の商品を選ぶ際に資産配分を検討するという作業が、初期の段階で最も重要です。ここを面倒くさがらずにしっかり行ってから、ポートフォリオを組むという段階に入っていくのが、自分が目指す資産運用結果へつながる道です。その作業次第で、その後の結果に大きな影響が及びます。それぞれの言葉の意味から、ゆっくり説明していきます。

（１）資産配分とは何ですか
　英語では、資産配分のことを、アセット・アロケーション（Asset Allocation）と言います。アセット（資産）をアロケーション（配分）するという複合語です。つまり、自分が持っている資産を、様々なカテゴリーに配分するという意味です。
　ウィキペディアに、「アセット・アロケーション（資産配分）とは、投

資家のリスク許容度、目標、時間軸に応じて、ポートフォリオ内の各資産の割合を調整することにより、リスクとリターンのバランスを取ろうとする投資戦略である」との記載があります（wikipedia 2020 年 5 月末現在）。つまり、自分が持っている資産を同じ資産クラスに偏らせずに、異なる資産クラスに配分するということです。多くの金融専門家は、アセット・アロケーション（資産配分）が、運用資産全体の収益を決定する重要な要素と主張しています。本書では、**資産配分**と表していきます。

（2）資産クラスとは何だろう

　資産クラスとは、投資対象になる資産の種類や分類のことを言います。アセットクラスと言われることもありますが、本書の中では資産クラスと表現します。後ほど紹介する、ウェブサイトのモーニングスターで使われている言葉です。

　資産クラスには、大項目として、以下の種類があります。
- （1）　　株式
- （2）　　債券
- （3）　　現金および現金同等物
- （4）　　商品（コモディティ）
- （5）　　商業用又は居住用不動産（REIT 含む）
- （6）　　収集物
- （7）　　外貨通貨
- （8）　　未公開株など

　各市場別に取引されている金融商品と言えば分かりやすいかもしれませんが、株式市場では株式、外為市場では通貨、債券市場では債券（国債、社債）、商品市場では商品（コモディティ：金・銀・原油・大豆など）があります。それぞれの資産クラス内では、同じようなリターンやリスク特性を持つことが多いです。

　更に、資産クラスのそれぞれの大項目の中にも、別の視点での異なる特

性の資産が含まれているので、中分類や、小分類も存在します。例えば、株式のグループでは、国内株、国際株（先進国株、新興国株）に分けて、資産クラスを形成していたりします。国内株は、更に細かく、大型、中型、小型、超小型など、投資する会社の大きさによって、分けられていたりもします。国際株は、まずは大まかに、先進国株と新興国株と分けられますが、更に細かく地域や国ごとの地域分散もあります。因みに、国際株全体のことは、グローバルと呼んだり、新興国のことは、エマージングと呼んだりします。

　債券も同様に、国内債券、国際 (外国) 債券 (先進国債券、新興国債券) というように分けて、資産クラスを形成していることが多いです。

（例）

株式		
国内株	国際株（グローバル）	
日本株	先進国株	新興国株（エマージング）
↓	↓	↓
大型 中型 小型 等	北米 欧州 オセアニア 等	中国 インド ブラジル 等

債券		
国内債券	国際(外国)債券	
日本	先進国債券	新興国債券（エマージング）

（3）ポートフォリオとは、どういうことですか

　ポートフォリオ（Portfolio）は、日本語でも使われている言葉です。元々日本語には存在せず訳すのに適さない言葉は、そのままカタカナ表記するということだと思いますが、カタカナなので、投資経験が浅い方たちにとってはよけい分かりにくいかもしれません。金融用語としては、現金・預金・株式・債券・不動産など、投資家が保有している金融商品や、その組み合わせの具体的な内容を指しています。

　資産配分は、資産の種類や分類で大まかにグルーピングされた資産クラ

スに、どのくらいの割合で資産を配分するかということでしたが、実際、じゃあ、上記にあげたような資産クラスの中で、それぞれどの金融商品をいくらずつ持っているのかというのが、このポートフォリオになります。

例えば、〇〇という株をいくら持ち、△△という投資信託をいくら持ち、□□という金商品をいくら持っているかということです。

（4）資産配分とポートフォリオの重要性

資産配分と、資産クラス、ポートフォリオの言葉の意味は、なんとなく分かっていただけたでしょうか。資産配分は、どの資産クラス（カテゴリー）に何パーセントずつ資産を分けるか、という配分でした。

資産配分（例）

国内外の株式や債券、短期金融商品など様々な資産に適切に配分することを、資産配分（アセット・アロケーション）と呼びました。その比率を変えることで、全体のリスクとリターンをコントロールすることが可能になります。人間無計画で投資をすることほど、心穏やかでないと思います。漠然と投資をするよりも、明確に分かっていた方がずっと安心です。

■国内株式 ■国際株式 ■国際債券 金

パターンとしては、色々考えられます。

（1）パターン1
株と債券、日本と国際を組み合わせて、日本株、国際株、日本債券、国際債券という4つに。

パターン1

■日本株 ■国際株 ■日本債券 国際債券

第2章 投資信託の基本のキ

31

(2) パターン2
　更に、国際を先進国と新興国に分けて日本株、先進国株、新興国株、日本債券、先進国債券、新興国債券という6つに。

パターン2

■日本株　■先進国株　■新興国株
■日本債券　■先進国債券　■新興国債券

(3) パターン3
　次は、株式や債券とは相関関係の比較的低い、金やREITを入れて日本株、先進国株、新興国株、日本債券、先進国債券、新興国債券、金、REITという8つに。

パターン3

■日本株　■先進国株　■新興国株
■日本債券　■先進国債券　■新興国債券
■金　■リート

　これら、4つ、6つ、8つの資産というように配分して、リスクとリターンのバランスを保つことが、将来の資産運用の目標を立てる上で有効です。

　それぞれのカテゴリーで1本ないし数本の投資信託を持つのは煩雑で分かりにくいという方は、バランス型ファンドを持つことで、1本だけにすることも可能です。投資信託の商品名の中に、4資産、6資産、8資産というキーワードが入っていたり、バランス○○とネーミングされたりするものも多いので、一度検索してみるのもいいかもしれません。バランス型ファンドについては、第4章に詳しく書いてあります。
　アセット・アロケーションが決まったら、その資産カテゴリーごとに、どの商品を持つかを決めていきます。具体的に商品を組み合わせた資産全体の構成のことを、ポートフォリオというのです。
　資産配分を基盤に理論的に投資するのが、「ポートフォリオ理論」であり、資産形成上で、最も重要とされています。

まとめ

　投資信託を1本持つのはだめですか？という最初の質問には、その方の他資産の持ち方次第ではあるものの、ある一部の商品以外ではおすすめしていません。ある一部の商品というのは、バランス型ファンドで、複数本の金融商品を持っているのと同じ効果が得られる投資信託です。尚、その場合も、その中身をしっかり理解することが必要です。それ以外の商品に関しては、1本だけではなく複数本持つ必要があるというのが、なんとなく分かったでしょうか。バランス型ファンドは、第4章と第6章で詳しく書いてあります。ここまでのところを読んで難しい、又は複数本を選ぶのは手間がかかり過ぎると思った方は、バランス型ファンドの章を読んでみてください。

　自分でチャレンジしてみようと思えた方は、時々、第1章に立ち返りながら、このまま次の章へお進みください。

お役立ち情報　リスク分散

　投資では、リスク分散が大切と言われて、たとえによく使われるのが、**「卵を一つの籠に盛るな」という教訓**です。

　卵を1つの籠に入れてしまうと、その籠が落ちたときにすべての卵が割れてしまいますが、違う籠にも入れることで、たとえ一つの籠が落ちても、他の卵が割れることはないということです。スポーツ選手のチームや企業の役員たちが、海外に行く際に、飛行機を何便かに分けて乗るのと同じ考え方ですね。投資家も、そういった考え方で、リスクを分散すべきだと考えられています。金融の場合も、同じ性質のものにばかり偏って組み合わせていると、リスクの低減の意味が薄れます。

第 3 章

投資信託を始めるために

投資信託を始めるために、必要なものを考えてみましょう。

■これだけ揃えたら始められる

投資信託を始める際は、以下の5つのものを揃えます。

揃えるもの　5つ

（1）口座
（2）お金
（3）マイナンバーカードと本人確認書類（免許証など）
（4）情報端末（パソコン若しくは、タブレット、スマートフォンなど）
（5）インターネット

（1）口座

　銀行口座をお持ちでない方はいないと思いますが、投資信託を始めるために必要な口座の選択肢の幅はもう少し広くなります。「特定口座」か「一般口座」のいずれかを選んで口座開設する必要があり、「特定口座」とは証券会社が1年間の資産運用の損益を計算してくれる口座で、「一般口座」とは証券会社が計算はしないので、1年間分を自分でまとめて損益計算して、確定申告まで行う口座です。第7章でNISAでの投資信託の選び方が載っていますが、「NISA口座」だけを単独で開設することはできません。まずは、「特定口座」か「一般口座」を開設して、いずれかの口座を持っている金融機関で、「NISA口座」も開設します。

　金融商品を購入できる口座を開設できるところは、複数あります。
①銀行
②店舗型証券会社
③ネット証券会社

　以前は、金融機関の中でも、銀行と証券会社は明確な棲み分けがされていましたが、2000年代になり、様々な金融緩和による金融の自由化が進

みました。資産運用のための金融商品や保険商品を銀行でも購入できるようになっています。

　ネットで金融商品を買うことに抵抗がなく、投資信託を始めたいなら、上記３つの中の、③のネット証券会社がおすすめです。何故なら、手数料が最も低額で、取扱商品数が多く、更に、自宅で手続きができるからです。店舗型の銀行や証券会社の受付の開いている時間には制限がありますが、ネット証券会社なら、自分の都合の良いときに、自宅で、インターネットを通して、手続きを完了させることも可能です。一昔前は、インターネットで申込をしても、マイナンバーカードと本人確認書類のコピーを郵送するといったことをしていましたが、最近は、スマホやパソコンから確認書類をアップロードできれば、最短で当日口座が開設できたり、翌日取引が開始できたりします。

ネット証券会社がおすすめの理由

手数料が最も低額	取扱商品が多い	自宅でできる

　待たされると、人間はやる気が削がれることがあります。やりたいと思ったら、その日に準備して、翌日もう取引ができたら、最初のときめきを心の中そのまま、突入できるというメリットもあります。実際始めてからも便利なことがあります。ネット証券会社のウェブサイトは、インターネットですべてやることが想定されている作りなので、使い慣れてくると便利です。店舗型証券会社のオンラインサイトよりも、ネット証券会社のサイトの方が情報量が多く、上手に活用できれば重宝します。注文や注文予約できる時間に制限がないのも良い点です。

　証券会社のお客様サービスセンターは親切なところも多いので、インターネットの取引で分からなくなってしまったら、問い合わせをメールで送ったり、電話をかけてみたりするのもいいと思います。それでもネット取引に自信がないという方は、店舗型証券会社で担当者についてもらうのも良いです。店舗型証券会社の方は知識もありますし、専門家のプロです。

また、ファイナンシャルプランナーなどの専門家についてもらって、一緒にやってもらう方法もあります。いずれも手数料はかかりますが、自分一人でネット証券会社で取引できない場合には、専門家に頼ることが大切です。

（2）お金

　最初に投資することができる資金を、普段自分が置いている銀行口座から、証券口座に移しておきます。資産運用をする際は、くれぐれも余裕資金で実行することをおすすめします。資産運用を開始するのが少し先のことであれば、始めるまでの期間中に、自分で毎月余裕資金として確保できそうな金額を計算してみます。また、臨時収入などが見込めれば、それを貯めておいて備えることもおすすめです。

（3）マイナンバーカードと本人確認書類（運転免許証など）

　どこの証券口座も、マイナンバーカードと本人の確認書類が必要になります。

　①マイナンバーカード

　マイナンバーカードに記載されているマイナンバーは、日本に住民票を有するすべての人に通知された12桁の番号です。日本の納税システムは、証券会社が私たちの代わりに特定口座の税金の計算や納付、法律で定められている支払調書の交付を税務署に行ってくれる制度のため、マイナンバーを提出する必要があります。口座開設する際にマイナンバーカードを提出できるのが一番なのですが、もしまだマイナンバーカードを持っていない場合は、通知カードと免許証等の写真付き本人確認書類と合わせて、マイナンバーカードの代わりにすることができることもあります。実際には、時期により色々条件は変わってくるでしょう。まだ持っていない方は、開設するその時点で、金融機関に問い合わせた方がいいでしょう。

　②本人確認書類

本人確認書類は、有効期限の定めのあるものは有効期限内のもの、定めのないものは取得日から6か月以内のものです。

有効期限の定めのあるもの	運転免許証、パスポート、健康保険証など
有効期限の定めのないもの	住民票の写し、印鑑登録証明書など

このうちのいずれかが必要になるので、自分が開設する予定のネット証券会社のウェブサイトで、何が必要なのか確認しましょう。

（4）情報端末
　（パソコン若しくは、タブレット、スマートフォンなど）

パソコン、タブレット、スマートフォンなどの、情報端末を有効活用しましょう。

ネット型証券会社でなくても、店舗型証券会社で取引するにしても、最近は、その店舗型証券会社にインターネットサイトがあります。同じ証券会社でも、インターネットサイトで株や投資信託を購入すると、店舗の窓口で購入するよりも、販売手数料が安かったりもします。

（5）インターネット

インターネット環境が必要になります。すべてスマホで済ませることもできますが、投資信託を調べたりするとネット接続時間も長くなるので、Wi-Fi環境を整えておくといいです。パソコンにしろ、スマートフォンにしろ、Wi-Fiにつなげた状態で、本書に記載してあるような作業をした方が効率的で通信料が低価格なことが多いです。ネット証券で投資信託を取引するようになると、その証券会社内だけでも色々できるようになります

が、そのサイト以外にも色々な外部情報をインターネット上で収集できるようになっておくと、より自分に合った投資スタイルが見出せます。本書では、モーニングスター（投資信託の第三者格付け機関）のサイト、金融庁のサイト、厚生労働省のサイトなどもご紹介しています。

この５つが揃えられたら、まず少額で、少し始めてみましょう。第４章で、一番手軽なバランス型ファンドを選ぶ方法を「バランス型ファンドのススメ」として、説明しています。

❷スマートフォンがいいか、パソコンがいいか

さて、「いよいよ、始めよう。まずは、投資信託を調べよう」と思ったときに、最初に、悩むことがあると思います。前述の３－１で伝えた　揃えるもの　の（4）情報端末は、スマートフォンがいいか、パソコンがいいかということです。

セミナーなどで本書の情報をお伝えしようとすると、スマートフォンでやりたいという方が圧倒的に多いです。ですが、できれば、スマートフォンより、パソコンやタブレット端末をおすすめしています。勿論、外出先などでチェックする場面では、スマートフォンも有効です。ここでは、自分に合った投資信託のポートフォリオを組むときに、じっくりパソコンで作業することをおすすめしています。

その際の重要なポイントは、その情報端末の種類そのものよりも、それで見ることができる中身、内容です。スマートフォンは、小さなパソコンのようなもので、高機能な携帯端末ですが、実際には、スマートフォンでは、スマートフォンサイトを閲覧するのが快適で、パソコンやタブレット端末では PC サイトを閲覧することが多いと思います。スマートフォンでも PC サイトの閲覧はできますが、画面の大きさにあった情報量やサイト内の情報の並べ方になっている方を見る方が、快適です。

スマートフォンサイトよりも、PC サイトで、検索したり調べたりすることをおすすめしています。スマートフォンサイトで見ると、やれること

が制限される項目がある場合があるからです。また、大きな画面で見た方が、いくつかの投資信託を並べて比較するときに、見やすいというメリットもあります。

とはいえ、スマートフォンサイトでもできることは十分ありますので、それしか持っていないという場合でも、諦めるのはもったいない、スマートフォンで見てみて、納得したら PC の購入を検討してみましょう。

❸まずは少額で試しにやってみる

次章の第 4 章でバランス型ファンドの説明をしています。バランス型投資信託は、少額で始められる方にもおすすめです。

投資信託は、最低投資金額が 100 円の証券会社も増えました。ポイント投資といって、普段のお買い物などで貯めることができるポイントを投資に回すことができる証券会社もあります。現状では、SBI 証券であれば T ポイントで買えますし、楽天証券であれば楽天ポイントが使えます。ポイント投資は、今後益々増えていくと思うので、始める際に、調べてみるといいでしょう。

まずは、少額で試しにやってみましょう。納得できたら、増やしてみればいいのです。

まとめ

誰でも、新しいことを始めるのは、腰が重いものです。一緒にやる仲間を見つけてもいいかもしれません。誰か専門家についてもらうのもいい方法です。ここをクリアーすることが第一歩。やってみたいなと思いながら、何年も経ってしまったという方に、たくさん出会ってきました。やってみたいと思ったときが、ベストタイミング。そして、やり始めるまでに時間をおかないことです。その思いのままやり切ってしまうこと。

日本の評論家、詩人、翻訳家の上田敏さんの言葉に、「一日延ばしは時の盗人である。」というのがあります。「時の盗人」、上手いこと言うなと思いました。とにかく試しにやってみる。また、ここまでの準備は、何のリスクもありません。リスクは、投資信託を買い始めてから始まります。自分に合ったリスクの取り方を考えるのが、本書の目的です。まずは、始めてみましょう。

第3章　投資信託を始めるために

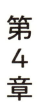

第4章

バランス型ファンドのススメ

ここまで、基本的な用語の説明、投資信託の基本、投資信託を始めるために必要なものなどについて書いてきました。いよいよ始めようとする際に最も大切なのが、第二章に書いた「資産配分を考えて、ポートフォリオを組む」ことなのですが、それを商品設計の段階で既にやってくれている金融商品が、いわゆる「バランス型ファンド（バランス型投資信託）」です。つまり、バランス型ファンドは、複数の資産クラスを投資対象とする投資信託のことです。詳しくは第6章に、メリット・デメリットなども書いてあるので、バランス型ファンドという言葉を初めて聞いたという方は、是非そちらもお読みください。

　実践でまずは、バランス型ファンドを選んでみましょう。ここでは、次の3つのウェブサイトを取り上げます。

SBI証券のサイト　楽天証券のサイト　モーニングスターサイト　です。SBI証券と楽天証券は、ネット証券会社の超大手です。似たような方法で投資信託を選ぶことができますが、投資信託を比較するページでの比較項目や情報が少し異なります。また、それぞれの証券会社で取り扱っている商品が異なるので、同じように検索しても異なる結果が得られる場合があり両方のサイトのパターンを比較してもいいですし、若しくは自分が口座開設している方のサイトのみ、参考に読んでいただいてもいいかと思います。

　モーニングスターサイトは、上記2つとは全く異なり、そもそも証券会社ではないので、投資信託を買うことはできません。投資信託を選ぶための専門サイトです。だからこそ、信頼のおける情報が得られることもあります。モーニングスターサイトについては、第5章に詳しく書いてあるので、初めて聞いたという方は、そちらを参考に読んでみてください。

　いずれのサイトにしても、投資信託を選ぶ際に、共通して意識するポイントは、以下の通りです。

手数料	決算頻度	分配金	純資産

　スクリーニングするサイトにより、ふるい分けできる内容は異なりますが、大まかにこの項目はどこでも見られる項目なので、注目して見るようにしましょう。

🔳1 SBI証券で検索してみよう

（1）SBI証券のウェブサイトを開ける
　　　https://www.sbi.co.jp/

　口座を持っていなくても、検索することはできます。百聞は一見に如かず。まずは、実際に自分で、検索して見てみましょう。（以下、画面はSBI証券ウェブサイトより）

　①投資信託画面
　SBI証券のロゴの下の、一直線の横の帯をメニューバーと呼びます。この青のメニューバーから、「投信」を選択します。

（出典：SBI証券ウェブサイト）

②投資信託の検索画面へ

投資信託の検索画面に行くことができます。青のメニューバーの下の「銘柄検索・取扱一覧」、若しくは、左側サイドバーの投資信託を探す欄の「条件検索：パワーサーチ」を選択します。

(出典：SBI証券ウェブサイト)

③更に、より詳細な検索ができる画面へ

左側サイドバーの「ファンドを絞り込む」ボックスの中の　「▼詳細な条件で絞り込む」をクリックします。

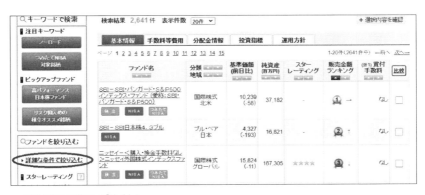

(出典：SBI証券ウェブサイト)

④スクリーニング

　スクリーニングというのは、抽出して、選別していく作業のことです。詳細が選べるポップアップ画面が現れたら、必要な項目で投資信託をふるい分けしていきます。この作業のことを、スクリーニングと言います。

　ここでは、バランス型ファンドを選ぶ際の一般的なパターンをご紹介しますが、前提として、スタンダード運用、若しくは、安定運用を好まれている方々が対象だと仮定します。つまり、積極運用タイプではないという前提です。詳しくは、第5章のモーニングスター活用術で、運用タイプについて説明していますので、分からない場合は、そちらを先に読んでみてください。

　次の項目にチェックします。

ファンド分類	バランス型ファンドの中でだけで、投資信託を選ぶ前提なので、「バランス」を選びます
買付手数料	買付手数料はどの証券会社で買うかによって異なりますが、ネット証券会社では、買付手数料が無料で購入できる投資信託も増えてきています。SBI証券では、全ての投資信託の買付手数料が無料です。他の証券会社で購入する際は「無料」を選びます。
信託報酬	パフォーマンスにもよりますが、保有している間ずっとかかるため、低いものが好ましいです。ここでは、選択肢の中で最も低い「0.55%以下」を選びます
決算頻度/分配金額	「年1回/0円」を選びます 決算頻度ができるだけ低いものを、そして分配金を出していないものを選びます。
純資産	10億円以上を選びます

　更に、資金流出入が6か月連続流出の投資信託が含まれていないことだけ確認しておきます。もし、一つでも入っていればどの投資信託か確認し、後々省きます。

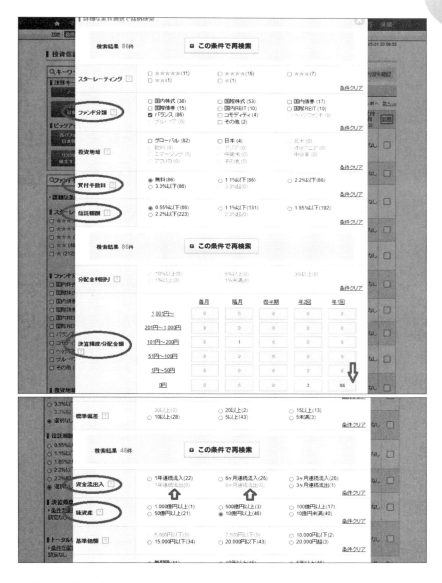

(出典：SBI証券ウェブサイト)

この条件で再検索 のボタンを押します。

第4章　バランス型ファンドのススメ

⑤手数料に着目

　検索結果が下記のように現れます。表のメニュータブで、「手数料等費用」を選択します。

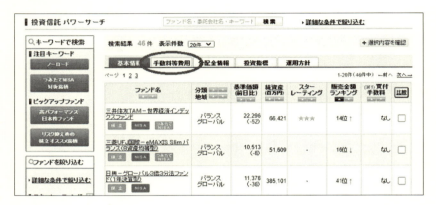

⑥信託報酬に着目

　表タイトル行の「信託報酬」の下にある▲を選択し、信託報酬の数値が小さい順に並べます。

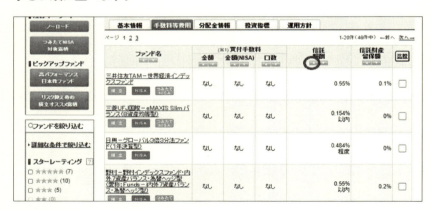

(出典：SBI証券ウェブサイト)

⑦信託報酬が低い投資信託の中で比較

この画面から、この時点で、0.154％以内の商品が7本あることが分かります。

(図4－1－1－7)

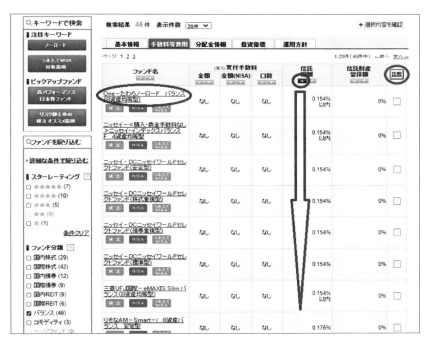

(出典：SBI証券ウェブサイト)

表のタイトル行の比較という列で、5本まで投資信託が選択できます。信託報酬が低いものが7本あるうちから、5本選ぶというと迷われる方がいるかもしれません。バランス型ファンドの資産配分と自分のリスク許容度を照らし合わせてみましょう。

例として、One-たわらノーロード バランス（8資産均等型）の資産配分を見てみましょう。

⑧投資信託の資産配分を確認

図4−1−1−7のファンド名の上でクリックすると、その投資信託の詳しい情報を見ることができます。まずは、「One—たわらノーロード バランス（8資産均等型）」の詳細画面を見ていきます。

■One—たわらノーロード　バランス（8資産均等型）

（出典：SBI証券ウェブサイト）

この画面をスクロールダウンしていくと、運用実績 資産構成 分析 のタブがあるので、資産構成をクリックします。

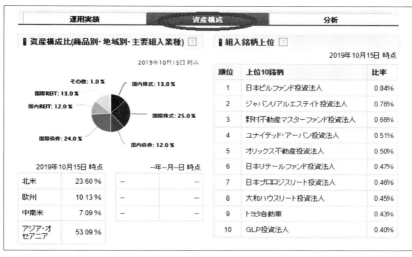

（出典：SBI証券ウェブサイト）

　資産構成の円グラフを見ると、8つの資産カテゴリーにほぼ均等に投資されて、投資信託の資産が構成されているのが分かります。国際株式が25.0％、国際債券が24.0％になっているところは、先進国と新興国の両方が合計で表記されています。

　また、今回のスクリーニング結果の7本の投資信託候補の中には、商品名「ニッセイーDC ニッセイワールドセレクトファンド」が4種類選ばれていました。安定型、株式重視型、債券重視型、標準型　の4本です。それぞれの投資信託の中に組入れられている資産クラスによって、投資信託に名前が付けられています。株式重視型という名前が付いているものは、株式が多めに入っている投資信託だろうという推測ができます。リスクを多く取りたくない方は、株式重視型より債券重視型を選んだ方が無難です。

第4章　バランス型ファンドのススメ

■ニッセイ-DC ニッセイワールドセレクトファンド　株式重視型

「ニッセイ-DC ニッセイワールドセレクトファンド　株式重視型」を同じやり方で見てみましょう。図4－1－1－7のファンド名の上でクリックします。スクロールダウンして、運用実績、資産構成、分析のタブがあるところにいき、資産構成のタブをクリックします。

運用実績	資産構成	分析

資産構成比(商品別・地域別・主要組入業種) ⬚

2020年2月21日 時点

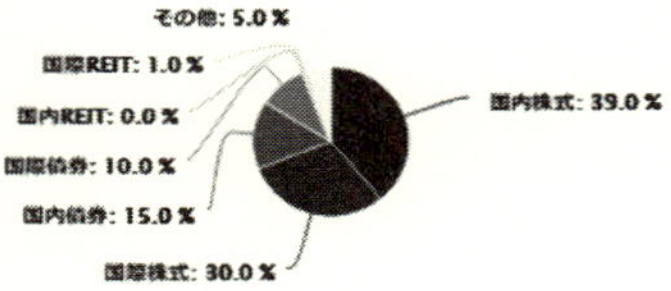

- その他: 5.0 %
- 国際REIT: 1.0 %
- 国内REIT: 0.0 %
- 国際債券: 10.0 %
- 国内債券: 15.0 %
- 国際株式: 30.0 %
- 国内株式: 39.0 %

	2020年2月21日 時点	--年--月--日 時点
北米	26.49 %	-- --
欧州	12.03 %	-- --
中南米	0.08 %	-- --
アジア・オセアニア	61.18 %	-- --

組入銘柄上位 ⬚

2020年2月21日 時点

順位	上位10銘柄	比率
1	トヨタ自動車	1.44%
2	ソニー	0.78%
3	ソフトバンクグループ	0.73%
4	三菱UFJフィナンシャル・グループ	0.63%
5	日本電信電話	0.61%
6	武田薬品工業	0.58%
7	キーエンス	0.57%
8	リクルートホールディングス	0.51%
9	三井住友フィナンシャルグループ	0.42%
10	KDDI	0.41%

（出典：SBI証券ウェブサイト）

　この時点での資産構成比の円グラフを見ると、国内株式39.0%、国際株式30.0%、株式合計で70%近くの株式が組み込まれていることが分かります。残りは、国内外の債券合わせて、債券合計25%入っていることが分かります。

　地域としては、アジア・オセアニアのものが61.18%となっていますが、ここに日本も含まれています。

■ニッセイー DC ニッセイワールドセレクトファンド　債券重視型

「ニッセイー DC ニッセイワールドセレクトファンド　債券重視型」は、どうでしょうか。株式重視型とは反対に、債券が多めで株式が少なめなことが予想されます。同じやり方で、資産配分を見てみましょう。下記の円グラフが見られます。

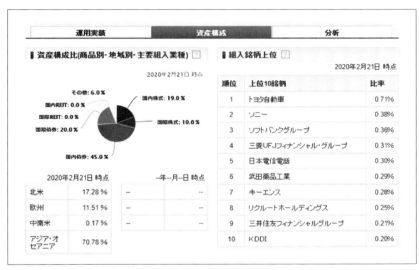

（出典：SBI証券ウェブサイト）

　国内株式は 19.0％ で、国際株式は 10.0％、株式合計は 29％です。
　国内債券は 45.0％で、国際債券が 20.0％、債券合計は 65％です。

　地域としては、アジア・オセアニアが 70.78％となっていて、ここに日本のものも含まれます。国内株式と国内債券で 55.0％あります。

■ニッセイ-DC ニッセイワールドセレクトファンド　安定型

「ニッセイ-DC ニッセイワールドセレクトファンド　安定型」は何が組入れられているのでしょうか。同じ方法で、資産配分を見てみましょう。

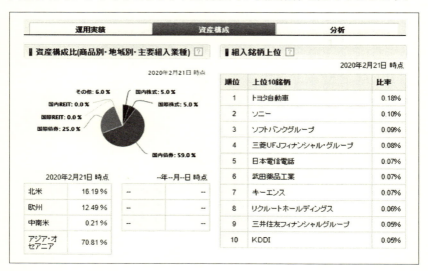

（出典：SBI証券ウェブサイト）

　国内債券が59.0%であることが目立って分かります。つまり、日本の債券が、全体の半分以上、約6割を占めているということです。株式は国内株式5%、国際株式5%の合計10%です。
　地域のアジア・オセアニアが70.81%ありますが、ここに日本への投資も含まれています。

■ニッセイー DC ニッセイワールドセレクトファンド　標準型

「ニッセイー DC ニッセイワールドセレクトファンド　標準型」は何が組入れられているのでしょうか。同じ方法で、資産配分を見てみます。

運用実績	資産構成	分析

資産構成比(商品別・地域別・主要組入業種) ?

2020年2月21日 時点

その他: 6.0 %
国際REIT: 1.0 %
国内REIT: 0.0 %
国際債券: 15.0 %
国内債券: 29.0 %
国内株式: 29.0 %
国際株式: 20.0 %

	2020年2月21日 時点	--年--月--日 時点
北米	21.91%	--
欧州	11.77%	--
中南米	0.13%	--
アジア・オセアニア	65.95%	--

組入銘柄上位 ?

2020年2月21日 時点

順位	上位10銘柄	比率
1	トヨタ自動車	1.08%
2	ソニー	0.59%
3	ソフトバンクグループ	0.55%
4	三菱UFJフィナンシャル・グループ	0.48%
5	日本電信電話	0.46%
6	武田薬品工業	0.44%
7	キーエンス	0.43%
8	リクルートホールディングス	0.38%
9	三井住友フィナンシャルグループ	0.32%
10	KDDI	0.31%

(出典：SBI証券ウェブサイト)

　国内株式が 29.0％で、国際株式が 20.0％で、株式合計で 49％です。
　国内債券が 29.0％で、国際債券が 15.0％で、債券合計で 44％です。
　株式と債券の割合は、およそ半々です。
　地域は、アジア・オセアニアの割合が、65.95％あり、この中に日本国内の物が含まれます。

　それぞれの投資信託の運用方針は、ここまで見てきた個別の商品ページの中で見ることができますし、最初に検索した画面で、一覧で見ることもできます。それぞれの運用方針を見ると、どのような方針で投資信託が運用されているかということが分かります。インデックスファンドなら、何の指標に沿うようなものを組み込んでいるのかというのも書いてあるものもあります。目論見書を見に行くのが確実ですが、SBI証券のウェブサイ

ト内だけでもたくさんの情報が得られます。

　基本的には、その運用方針に従い、資産配分が保たれるように投資信託は運用されるので、商品選びの際に、自分に合ったものを選ぶことが大切です。資産配分が自分の理想に近くて、更にそれが安定的に保たれていれば、1本持つだけで、複数本を持つのと同じ効果を得ることができるのがバランス型ファンドの魅力なのです。

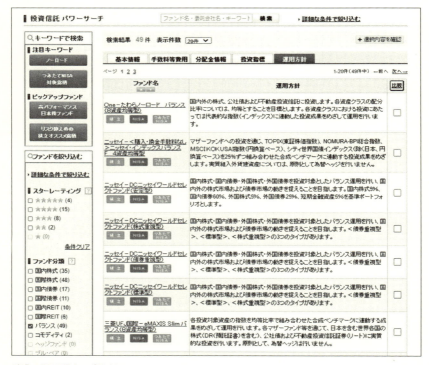

(出典：SBI証券ウェブサイト)

　今回のケースでは、前提として、投資姿勢がスタンダード型若しくはそれよりリスク許容度の低い安定型の方が対象だと仮定していますので、リスクが高そうな株式重視型は選ばないというような基準の消去法で選ぶこともできるでしょう。また、国内債券が大部分を占める投資信託も、低金利時代が長く続き今後も見通しが立たない状況だと、自分の将来の目的に

合わないかもしれません。将来の景気については不透明なことが多く、どの年にどの資産クラスのパフォーマンスが良くなり、どの資産クラスのパフォーマンスが悪いかは誰にも分からないという概念のもと、4資産均等型や8資産均等型のような、均等型のバランス型ファンドを選びたいという方もいるでしょう。

　方針の合わないものを除いて、比較欄に5本以内でチェックを入れます。その後、銘柄を比較するボタンを押してください。

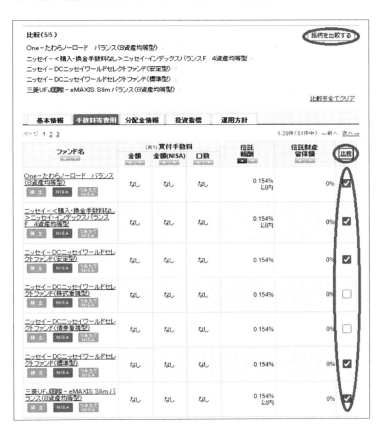

（出典：SBI証券ウェブサイト）

⑨ 5本の投資信託が並ぶ

　5本の投資信託を比較できる表が現れました。パフォーマンスタブで、トータルリターンを参考に見てみましょう。今回のこの5本の投資信託では、3年が一番長いスパンで比較できる期間のようです。

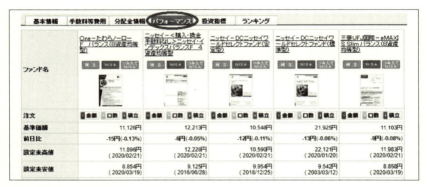

(出典：SBI証券ウェブサイト)

　何度も繰り返しになりますが、パフォーマンスは、あくまでも過去の数年間の結果で、将来を同じように約束する訳ではないことを、頭の片隅に置いておきましょう。

　また、投資指標のタブで、シャープレシオも見ておきましょう。

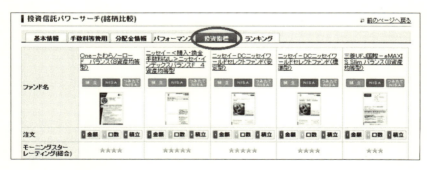

(出典：SBI証券ウェブサイト)

同じリスクをとるなら、良いパフォーマンスを生んでいるものに投資したいところですから、シャープレシオの欄で、高い数字のものがそれに当てはまると言えるでしょう。シャープレシオについては、第一章に書いてあります。

　自分の理想とする資産配分とできるだけ合っている商品を選ぶと、バランス型ファンドは1本で複数本持っているのと同じ効果を得られる金融商品です。自分の理想とする資産配分の考え方にはいくつかあると思いますが、第5章モーニングスターサイト活用術で、自分のポートフォリオを組む前に資産配分を出せるステップを紹介していて、その手順でも出すことができます。そこで得られた資産配分と似た、バランス型ファンドを選ぶ方法があります。

　また、第5章で紹介したモーニングスター出典の資産クラス別リターンの表を参照すると、どの年にどの資産クラスのパフォーマンスが良くなり、どの資産クラスのパフォーマンスが悪くなるかは誰にも分からないことが分かります。4資産均等型や8資産均等型のような、均等型の投資信託を選ぶ方法もあります。

❷楽天証券で検索してみよう

(1) 楽天証券のウェブサイトを開ける
https://www.rakuten-sec.co.jp/

　口座を持っていなくても、検索することはできます。実際に自分で、検索して見てみましょう。(以下、画面は楽天証券 WEB サイトより)

　①投資信託画面
　楽天証券ロゴの下にいくつかメニューがあります。メニューの下の選択ボタンから、投資信託・積立 を選択します。

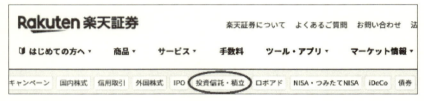

(出典：楽天証券ウェブサイト)

　②投資信託の検索画面へ
　　投資信託の検索画面に行くことができます。
「投資信託を探す」というタブをクリックします。

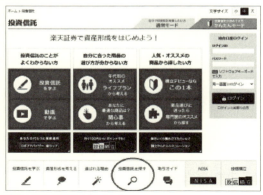

(出典：楽天証券ウェブサイト)

③更に、より詳細な検索ができる画面へ

「投信スーパーサーチ」という言葉の上でクリックします。「投信スーパーサーチ」は、投資信託をサーチできる（探すことができる）検索画面で、細かいスクリーニングができます。

（出典：楽天証券ウェブサイト）

お役立ちポイント

　ウェブサイト上の同じ箇所に「投信スーパーサーチ」という言葉を見つけられなくても、「スーパーサーチ」という言葉をキーワードに検索画面を探すことができます。

(出典：楽天証券ウェブサイト)

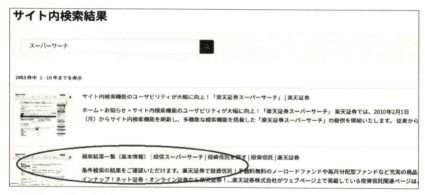

(出典：楽天証券ウェブサイト)

④スクリーニング

スクリーニングというのは、抽出して、選別をしていく作業のことです。「投信スーパーサーチ」のページが現れたら、必要な項目で投資信託をふるい分けしていきます。

ここでは、バランス型ファンドを選ぶ際の一般的なパターンをご紹介しますが、前提として、スタンダード運用、若しくは、安定運用を好まれている方々が対象だと仮定します。つまり、積極運用タイプではないという前提です。詳しくは、第5章のモーニングスター活用術で、運用タイプについて説明していますので、分からない場合は、そちらを先に読んでみてください。

(出典：楽天証券ウェブサイト)

第4章　バランス型ファンドのススメ

⑤スクリーニング条件を入れる

　左側サイドバーの項目が、詳細を選べるところです。次の項目にチェックします。

資産タイプ	「資産複合(バランス)」に ☑ します
決算頻度	「年2回以下」に ☑ します 決算頻度が出来るだけ低いものを選びます。
運用期間	□3年以上～5年未満 □5年以上～10年未満 □10年以上～20年未満 □20年以上 上記、すべてを ☑ します。

　資産タイプで、「資産複合(バランス)」を選び「詳しい条件を表示する」をクリックすると、選べる条件が増えます。スクロールダウンして、「決算頻度」と「運用期間」にも条件を入れます。

第4章 バランス型ファンドのススメ

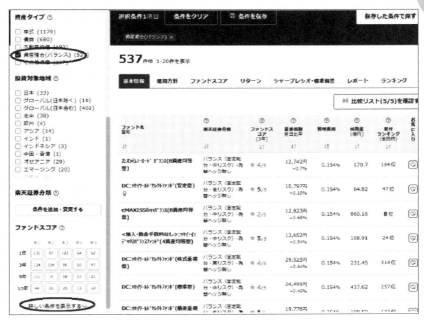

(出典：楽天証券ウェブサイト)

(出典:楽天証券ウェブサイト)

以下の画面が表示されます。

検索結果の画面の中の304件というのが、見つかった投資信託の数です。

(出典:楽天証券ウェブサイト)

⑥手数料に着目

「基本情報」タブに、「管理費用」があるのを確認します。

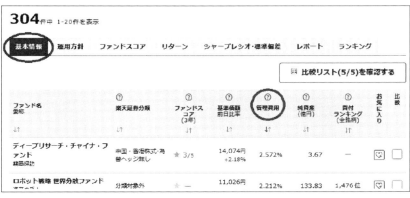

(出典：楽天証券ウェブサイト)

⑦管理費用に着目

「管理費用」の下の↓を選択し、数値を小さい順に並べます。「管理費用」とは、保有期間中、信託財産から日々引かれている費用のことです。信託報酬が含まれます。

(出典：楽天証券ウェブサイト)

⑧管理費用が低い投資信託の中で比較

　この画面から、この時点で、管理費用が最安の0.154%のバランス型ファンドが5本あることが分かります。

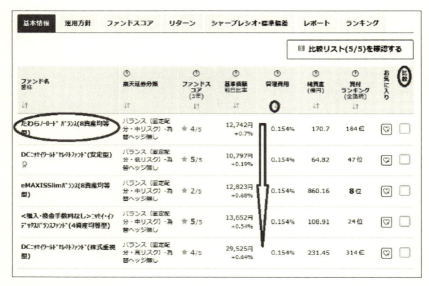

(出典：楽天証券ウェブサイト)

⑨複数の投資信託を比較

　いくつかの投資信託を比較してみます。「比較」列で、5本まで投資信託が選択できます。チェックを入れた後、比較リストを確認する ボタンを押してください。

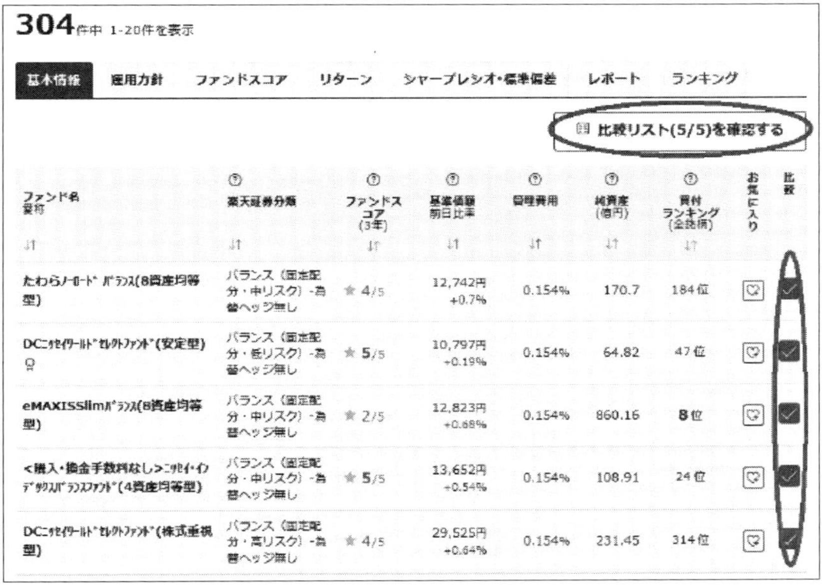

(出典：楽天証券ウェブサイト)

⑩銘柄比較

　5つの投資信託の比較チャートと表が並びます。比較チャートの折れ線グラフは、基準価額の推移とトータルリターン(基準価額＋分配金)の切り替えができます。折れ線グラフでは、基準価額もトータルリターンも、いずれも上がり下がりがよく分かります。折れ線グラフの上にある「表示期間」は3ヶ月～20年、また期間指定もできるので設定を変えると、表の動きが変わって見えるので、色々設定を変えて見てみてください。

　具体的に比較するときに気を付けることは、グラフの一番左側、最初のポイントが全て揃っているかどうかを気にすることです。投資の始まり時

期が異なるものがあったりすると、折れ線グラフを単純に比較するのが難しくなります。試しに表示期間をすべてにすると、よく分かります。それぞれの投資信託が始まった時期が異なりますが、全て0%からスタートすることが見てとれると思います。

折れ線グラフの個々の線が上下の激しい投資信託は、それだけリスクが高い(ブレが大きい)可能性も秘めていると言えます。

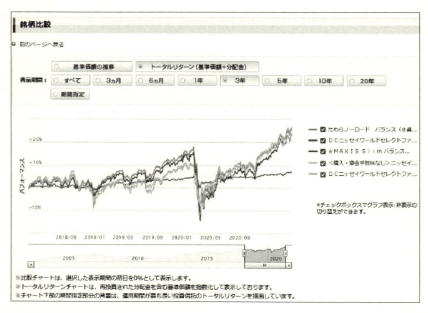

(出典：楽天証券ウェブサイト)

⑪比較表をチェック

下の方にスクロールダウンして、比較チャートの下の比較表を見てみます。

（図４－２－１－１１－１）

比較チャートに表示	☑	☑	☑	☑	☑
左端へ移動	----	<<	<<	<<	<<
削除	削除	削除	削除	削除	削除
ファンド名	たわらノーロード バランス(8資産均等型)	DCニッセイワールドセレクトファンド(安定型)	eMAXISSlimバランス(8資産均等型)	<購入・換金手数料なし>ニッセイ・インデックスバランスファンド(4資産均等型)	DCニッセイワールドセレクトファンド(株式重視型)
注文	注文 積立	注文 積立	注文 積立	注文 積立	注文 積立
週間買付ランキング（全銘柄）	184位	47位	8位	24位	314位
週間買付ランキング（手数料0円）	183位	47位	8位	24位	313位
週間買付ランキング（隔月分配型）	---	---	---	---	---
週間買付ランキング（積立）	66位	15位	7位	19位	209位
よく見られている銘柄ランキン					

(出典：楽天証券ウェブサイト)

　週間買付ランキングなどが並びますが、ランキングはそんなに意識しません。バランス型ファンドは、その中身が大切です。何が入っている投資信託かを確認します。

⑫投資信託の資産配分を確認

　図４－２－１－１１－１のファンド名の上でクリックします。その投資信託の詳しい情報を見ることができます。ファンド名「たわらノーロードバランス（8資産均等型）」の上でクリックして、たわらノーロード　バランス（8資産均等型）から見てみましょう。

■たわらノーロード　バランス (8資産均等型)
　たわらノーロード　バランス (8資産均等型) の詳細画面が現れます。楽天証券のウェブサイト上では、資産配分を目論見書の中で確認します。詳細画面の「目論見書」の上でクリックします。

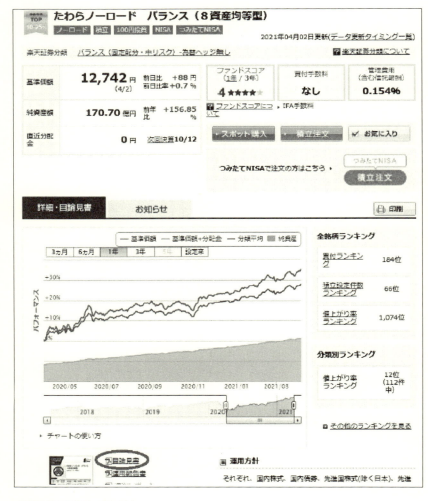

(出典：楽天証券ウェブサイト)

交付目論見書が閲覧できます。投資比率が書いてあるページがあるので、そのページを見つけるまでスクロールダウンします。投資比率を参考にします。

(出典：楽天証券ウェブサイト)

バランス(8資産均等型)と商品名にあるように、株・債券・リート、また国内外のそれぞれに均等に同等割合投資している商品だということが分かります。

■DCニッセイワールドセレクトファンド（安定型）

　DCニッセイワールドセレクトファンド（安定型）はどうでしょうか。図４－２－１－１１－１のファンド名「DCニッセイワールドセレクトファンド（安定型）」の上でクリックします。詳細画面が現れます。

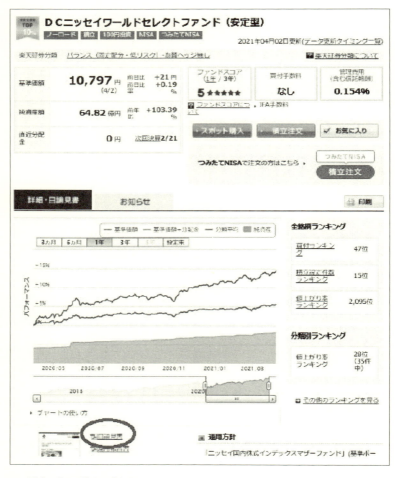

（出典：楽天証券ウェブサイト）

目論見書リンクをクリックすると、目論見書の表紙が現れます。スクロールダウンして閲覧します。投資比率が書いてあるページがあるので、そのページを見つけるまでスクロールダウンします。投資比率を参考にします。

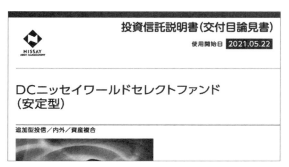

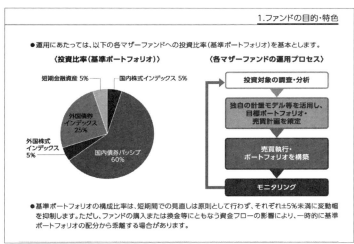

（出典：楽天証券ウェブサイト）

　国内債券が60％で国際(外国)債権が25％あり、債券の合計が85％です。安定型というのは、債券の比率が高い投資信託から付けられた商品名であることが分かりました。

第4章　バランス型ファンドのススメ

■eMAXISSLIM バランス（8資産均等型）

　eMAXISSLIM バランス（8資産均等型）はどうでしょうか。図4－2－1－11－1のファンド名の上でクリックをします。詳細画面が現れます。

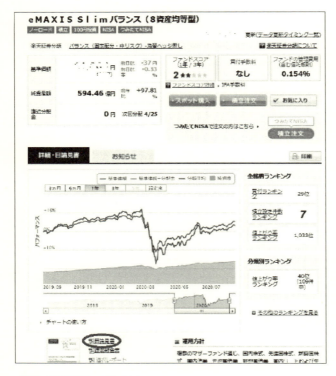

（出典：楽天証券ウェブサイト）

　目論見書リンクをクリックすると交付目論見書が閲覧できます。投資比率が書いてあるページがあるので、そのページを見つけるまでスクロールダウンします。投資比率を参考にします。

(出典:楽天証券ウェブサイト)

　バランス(8資産均等)型と商品名に書いてあるように、株、債券、リート、また国内外のそれぞれに、均等に同等割合投資している商品だということが分かります。

第4章　バランス型ファンドのススメ

■ニッセイインデックスバランスファンド（4資産均等型）

　ニッセイインデックスバランスファンド（4資産均等型）はどうでしょうか。図4－2－1－11－1のファンド名の上でクリックをします。詳細画面が現れます。

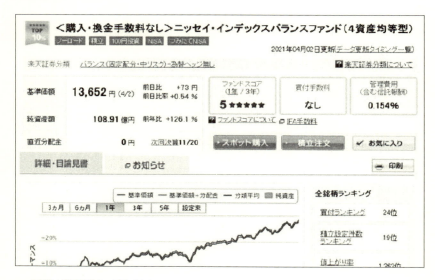

（出典：楽天証券ウェブサイト）

　目論見書リンクをクリックすると交付目論見書が閲覧できます。投資比率が書いてあるページがあるので、そのページを見つけるまでスクロールダウンします。投資比率を参考にします。

第4章 バランス型ファンドのススメ

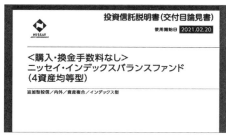

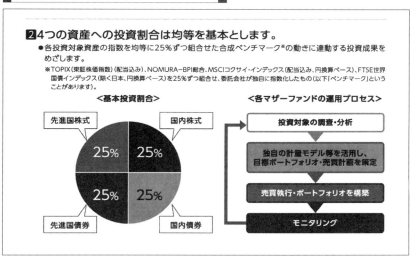

（出典：楽天証券ウェブサイト）

　4資産均等型と商品名にあるように、25％ずつ4資産均等に、国内株式・先進国株式・国際債券・先進国債券に分かれていることが分かります。また、海外に関しても、新興国は含まず先進国だけが含まれていることも分かります。

■DCニッセイワールドセレクトファンド（株式重視型）

DCニッセイワールドセレクトファンド（株式重視型）はどうでしょうか。図４－２－１－１１－１のファンド名の上でクリックをします。詳細画面が現れます。

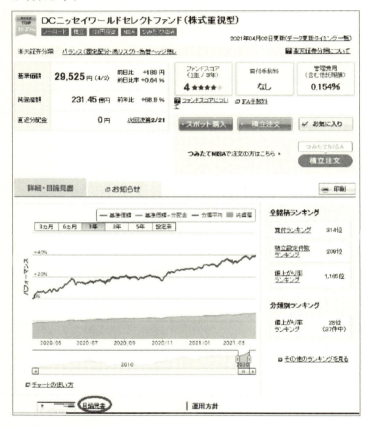

（出典：楽天証券ウェブサイト）

　目論見書リンクをクリックすると交付目論見書が閲覧できます。投資比率が書いてあるページがあるので、そのページを見つけるまでスクロールダウンします。投資比率を参考にします。

第4章 バランス型ファンドのススメ

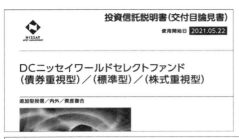

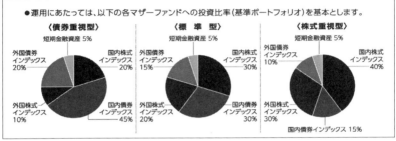

(出典：楽天証券ウェブサイト)

「DCニッセイワールドセレクトファンド（株式重視型）」は、国内株式は40％、外国株式が30％で、国内外の株式合計が70％です。

国内債券は15％、外国債券が10％で、国内外の債券合計が25％です。

交付目論見書は、初心者にとって、全部読むのはハードルが高いことだと思いますが、自分が買おうとしている投資信託に何が入っているのか確認できることはよいことです。商品名でもおおよそどの資産カテゴリーに投資しているのか予測できることもお分かりいただけたかと思います。

自分の理想とする資産配分とできるだけ合っている商品を選ぶと、バランス型ファンドは1本で複数本持っているのと同じ効果を得られる金融商品です。自分の理想とする資産配分の考え方にはいくつかあると思いますが、1つは第5章モーニングスターサイト活用術で、自分のポートフォリオを組む前に資産配分を出せるステップを紹介しているので、そちらに進

んでみてください。そこで得られた資産配分と似た、バランス型ファンド
を選ぶ方法です。

　また、どの年にどの資産クラスのパフォーマンスが良くなり、どの資産
クラスのパフォーマンスが悪くなるかは誰にも分かりません。４資産均等
型や８資産均等型のような、均等型の投資信託を選ぶ方法もあります。

　⑬パフォーマンスや投資指標を確認
　ここからは参考ではありますが、図４－２－１－１１－１の表の下の方
にスクロールダウンすると、過去のリターンがどうだったかのパフォーマ
ンスを確認することもできます。また、投資指標の中でシャープレシオも
参考にできます。

アセットタイプ	ミックスアセット	ミックスアセット	ミックスアセット	ミックスアセット	ミックスアセット
基準価額（前日比）	12,742円 （+88円）	10,797円 （+21円）	12,823円 （+87円）	13,652円 （+73円）	29,525円 （+189円）
純資産（億円）	170.7	64.82	860.16	108.91	231.45
手数料	なし 注）金融商品仲介業者（IFA）と契約のお客様は下記「IFA手数料」が適用されます。	なし 注）金融商品仲介業者（IFA）と契約のお客様は下記「IFA手数料」が適用されます。	なし 注）金融商品仲介業者（IFA）と契約のお客様は下記「IFA手数料」が適用されます。	なし 注）金融商品仲介業者（IFA）と契約のお客様は下記「IFA手数料」が適用されます。	なし 注）金融商品仲介業者（IFA）と契約のお客様は下記「IFA手数料」が適用されます。
信託報酬	0.154%	0.154%	0.154%	0.154%	0.154%
リターン（6ヵ月）	15.49	2.54	16.34	12.5	17.3
リターン（1年）	34.91	5.47	36.23	27.91	38.43
リターン（3年）	26.32	7.34	23.86	23.46	26.77
シャープレシオ（1年）	2.69	2.18	2.69	2.74	2.75
シャープレシオ（3年）	0.6	0.73	0.55	0.68	0.61
シャープレシオ（5年）	---	---	---	0.68	0.68

（出典：楽天証券ウェブサイト）

　バランス型ファンドは、資産配分がとても重要です。確認して投資信託
を選びます。

❸モーニングスターで検索してみよう

（1） モーニングスターのウェブサイトを開ける
https://www.morningstar.co.jp

　ウェブサイトを開ければすぐに検索できます。やってみましょう。（以下、画面はモーニングスターウェブサイトより）

①検索する画面
　Morning Star と書いてあるロゴの右側に、3つの □ があります。
|かんたんファンド検索|、|詳細条件でファンド検索|、
|ファンドの見直し| の中から
|詳細条件でファンドを検索| を選択して、クリックします。

（出典：モーニングスターウェブサイト）

（2） バランス型ファンド
　カテゴリーボックスの中の選択肢に「バランス型」を探します。カテゴリーボックスの中で、下方にスクロールすると、「バランス型」という文字が見つかります。

（出典：モーニングスターウェブサイト）

バランス型の下の層に、いくつかの種類があります。バランス型ファンドにもその中身により色々なタイプがあり、細分化されているのです。例えば、「バランス・安定」などの文字も見えますが、これは、バランス型ファンドの中で安定的な運用を目指している投資信託です。バランス型ファンド全体から選びたいときは、バランス型という文字だけを選びます。

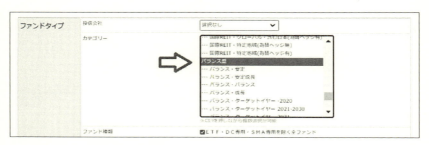

（出典：モーニングスターウェブサイト）

　「バランス・ターゲットイヤー〇〇」という文字も見えます。投資信託を購入する側の退職する年齢などに合わせた運用をしてくれる「ターゲットイヤー」という投資信託です。初めてその商品名を聞いたという方は、第6章そもそも「バランス型ファンド」ってなに？そのメリット・デメリットとは？を読んでみてください。

　　モーニングスターでは、ウェブサイトの検索画面内で分類しているファンドタイプのカテゴリーの定義付けを公開しています。どのくらいの割合で何を持っているものが安定と分類されているかが分かり、参考になります。

　　ターゲットイヤーも、そのバランス型ファンドの中に分類説明があり、大きくはバランス型ファンドに分類されます。

（2）ファンドタイプのカテゴリーを複数選びたい場合

　リスク軽減したい場合、バランス安定や、バランス安定成長のみをそれぞれ一つずつ選ぶこともできますし、複数を同時に選ぶこともできます。二つ以上選びたい場合は、コントロールキー（CTRL）を押しながら選択すると、ハイライトが複数に渡ります。

(出典：モーニングスターウェブサイト)

（3）バランス型ファンドの中からスクリーニング

　バランス型ファンドの中から、スクリーニングしていきましょう

(出典：モーニングスターウェブサイト)

①条件を入れる

スクリーニングの条件を入れます。メインの画面に直接入れていきます。

次の項目にチェックを入れます。

ファンド種類	ETF・DC専用・SMA専用を除く全ファンドにチェックがデフォルトで入っているか、確認します。
決算頻度	「1年ごと」を選ぶ。あまり頻繁に決算するものを選ばない。

②その他

スクロールダウンして、その他の項目に条件を入れます。

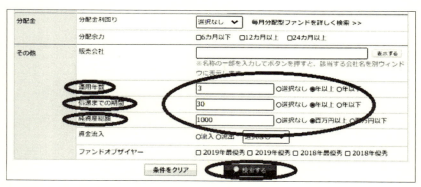

（出典：モーニングスターウェブサイト）

その他の項目の中の

■運用年数　　3　　年以上
■償還までの時間　　30　　年以上
■純資産総額　　1000　　百万円以上

に、それぞれ数字を入れ、チェックを入れます。
検索する　ボタンを押します。

（4）ファンド検索結果

　ファンド検索結果として、スクリーニングされた表が現れます。133件が抽出されました。

（出典：モーニングスターウェブサイト）

（5）コストに注目する

　表示項目にマウスを当てて、プルダウンメニューを出し、コストを選びます。

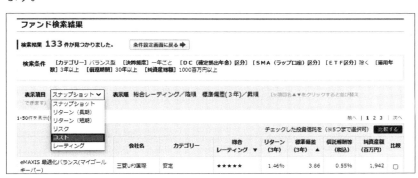

（出典：モーニングスターウェブサイト）

(6) 信託報酬に注目

検索結果の画面の中の信託報酬等の欄にある▲の向きが、上下反対になっていないか確認し、小さい順になっていることを確認します。

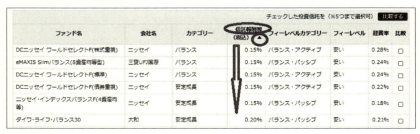

（出典：モーニングスターウェブサイト）

信託報酬等（税込）が0.15％、経費率も比較的低いものがあることが分かります。

(7) 5本以内で選択して、比較検討

比較という項目列で、5本までクリックして選択できます。同じ信託報酬等（税込）だったとしたら、経費率も参考にします。一番右の比較欄にチェックを入れます。

その後、チェックした銘柄を 比較する ボタンを押してください。

（出典：モーニングスターウェブサイト）

（経費率とは）

　信託報酬以外にも、厳密にはコストがかかっています。監査法人の監査費用などです。全体費用を含めた経費率がしっかり載っているサイトは少ないですが、モーニングスターは極力載せています。経費率が低いということは、私たちが負担する手数料も少なくなります。実際には、それぞれの投資信託の目論見書などで確認すべきところです。

（8）ファンド比較表

　ファンド比較というページが現れ、5本のバランス型ファンドが並びます。

（図4－3－1－9）

ファンド名	DCニッセイ ワールドセレクトF(債券重視)	DCニッセイ ワールドセレクトF(標準)	DCニッセイ ワールドセレクトF(株式重視)	ニッセイ・インデックスバランスF(4資産均等)	eMAXIS Slimバランス(8資産均等型)
運用会社名	ニッセイ	ニッセイ	ニッセイ	ニッセイ	三菱UFJ国際
カテゴリー	安定成長	バランス	バランス	安定成長	バランス
基準価額	18,447円	21,826円	25,168円	12,152円	11,058円
純資産	16,232 百万円	35,765 百万円	18,057 百万円	6,790 百万円	59,670 百万円
ヘッジ	無	無	無	無	無
インデックスファンド	インデックス以外	インデックス以外	インデックス以外	インデックス	インデックス
最低申込金額	1円	1円	1円	10,000円	10,000円
販売手数料	0%	0%	0%	0%	0%
信託報酬等(税込)	0.15%	0.15%	0.15%	0.15%	0.15%
償還日	無期限	無期限	無期限	無期限	無期限
運用年数	17年	17年	17年	4年	3年
経費率	0.19%	0.21%	0.23%	0.18%	0.24%
売買回転率	--	--	--	--	--
デュレーション（債券の場合）	--	--	--	--	--
格付(債券の場合)	--	--	--	--	--
トータルリターン1年	1.49%	1.59%	1.31%	3.15%	-2.13%
トータルリターン3年(年率)	1.84%	2.20%	2.40%	2.99%	1.99%
トータルリターン5年(年率)	1.44%	1.71%	1.83%	--	--
トータルリターン10年(年率)	4.69%	6.25%	7.68%	--	--
シャープレシオ1年	0.29	0.18	0.10	0.35	-0.14
シャープレシオ3年	0.39	0.28	0.21	0.37	0.18
シャープレシオ5年	0.28	0.20	0.16	--	--
シャープレシオ10年	0.82	0.72	0.66	--	--
標準偏差1年	5.07	9.03	13.11	9.09	15.74
標準偏差3年	4.77	7.96	11.22	8.15	11.03
標準偏差5年	5.19	8.43	11.75	--	--
標準偏差10年	5.65	8.63	11.69	--	--

(出典：モーニングスターウェブサイト)

(10) 投資信託の資産配分を確認

　図４－３－１－９の中でファンド名をクリックすると、詳しい情報を見ることができます。ファンド名「DCニッセイワールドセレクトファンド（債券重視型）」の詳細画面から見ていきます。

　■DCニッセイワールドセレクトファンド（債券重視型）
　グレーの帯にいくつかのメニュータブがあります。最初スナップショットという、全体概要のタブになっていますが、ポートフォリオのタブをクリックします。資産構成比という円グラフが出てきます。

（出典：モーニングスターウェブサイト）

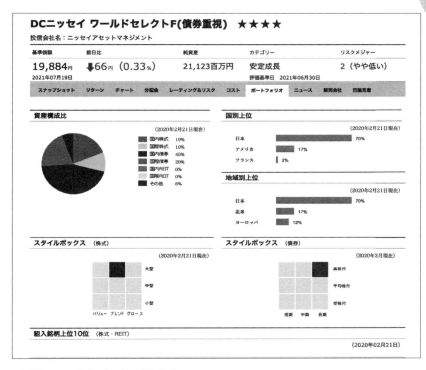

(出典：モーニングスターウェブサイト)

　資産構成比の円グラフを見ると、国内株式は19.0%で、国際株式は10.0%、株式合計で29%です。

　国内債券は45.0%で、国際債券が20.0%、合計で65%です。

　REITは入っておらず、国内債券多めのバランス型ファンドであることが分かります。

■ DCニッセイワールドセレクトファンド（標準型）

「DCニッセイワールドセレクトファンド（標準型）」も同じように見てみましょう。こちらも、最初スナップショットという、全体概要の情報になっていますが、ポートフォリオのタブをクリックします。資産構成比という円グラフが出てきます。

第4章 バランス型ファンドのススメ

(出典：モーニングスターウェブサイト)

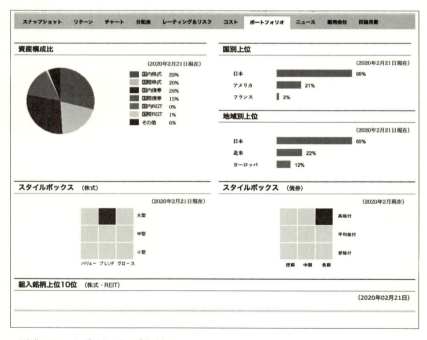

(出典：モーニングスターウェブサイト)

資産構成比の円グラフを見ると、国内株式が29.0％、国際株式が20.0％で、株式合計で約50％です。

国内債券は29.0％で、国際債券が15.0％で、債券合計で約45％です。

株式と債券はほぼ半々です。国内投資先の組入れがやや多めのバランス型ファンドだと分かります。

■DCニッセイワールドセレクトファンド（株式重視型）

「DCニッセイワールドセレクトファンド（株式重視型）」も同じように見てみましょう。最初スナップショットという全体概要の情報になっていますが、ポートフォリオのタブをクリックします。資産構成比という円グラフが出てきます。

（出典：モーニングスターウェブサイト）

第4章 バランス型ファンドのススメ

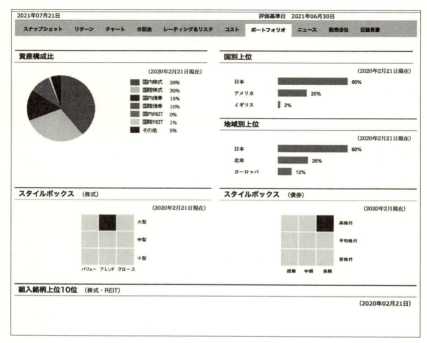

（出典：モーニングスターウェブサイト）

　この時点での資産構成比の円グラフを見ると、国内株式39.0％、国際株式30.0％、株式合計で70％近くの株式が組み込まれています。残りは、国内外の債券合わせて25％です。
　投資信託の名前通り、株式が多めのバランス型ファンドだと分かります。

■ニッセイ・インデックスバランスファンド（4資産均等）
「ニッセイ・インデックスバランスファンド（4資産均等）」も同じように見てみましょう。最初スナップショットという全体概要の情報になっていますが、ポートフォリオのタブをクリックします。資産構成比という円グラフが出てきます。

（出典：モーニングスターウェブサイト）

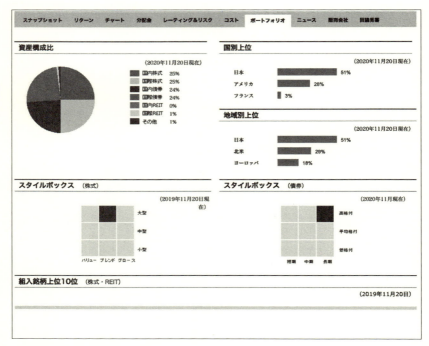

（出典：モーニングスターウェブサイト）

　投資信託の商品名そのままに、おおよそ25％ずつ4資産（国内株式・先進国株式・国内債券・先進国債券）均等に投資先が分かれていることが分かります。国内REITや国際REITはほとんど含まれていないことも分かります。

■ eMAXIS Slim バランス（8資産均等型）

「eMAXIS Slim バランス（8資産均等型）」も同じように見てみましょう。最初スナップショットという全体概要の情報になっていますが、ポートフォリオのタブをクリックします。資産構成比という円グラフが出てきます。

（出典：モーニングスターウェブサイト）

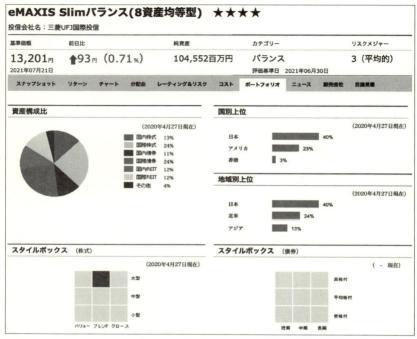

（出典：モーニングスターウェブサイト）

　バランス（8資産均等）型と商品名に付いているように、株、債券、リート、また国内外のそれぞれに、均等に同等割合投資している商品だということが分かります。国際株式が24％、国際債券が24％となっているのは、先進国株式と新興国株式とが国際株式として合算されていて、先進国債券と新興国債券とが国際債券として合算されているからです。

　参考として、最後に、図4-3-1-9で、トータルリターンとシャープレシオを確認します。

　自分の理想とする資産配分とできるだけ合っている商品を選ぶと、バランス型ファンドは1本で複数本持っているのと同じ効果を得られる金融商品です。自分の理想とする資産配分の考え方にはいくつかあると思います

が、第5章モーニングスターサイト活用術で、自分のポートフォリオを組む前に資産配分を出せるステップを紹介しているので、参考にして、配分を出してみてください。得られた資産配分と似た、バランス型ファンドを選ぶ方法があります。

第5章で紹介したモーニングスター出典の資産クラス別リターンの表を参照すると、どの年にどの資産クラスのパフォーマンスが良くなり、どの資産クラスのパフォーマンスが悪くなるかは誰にも分からないことが分かります。4資産均等型や8資産均等型のような、均等型の投資信託を選ぶ方法もあります。

バランス型ファンドは、資産配分がとても重要です。確認して投資信託を選びます。

お役立ちポイント 4

「証券会社のウェブサイトで選ぶのと第三者機関の
　ウェブサイトで選ぶのは、どちらがいいの？」

本章では、ネット証券会社2社のウェブサイトと、証券会社ではない第三者機関モーニングスターのウェブサイトでバランス型ファンドを選ぶ方法を見てきました。証券会社のウェブサイトと第三者機関のウェブサイトで選ぶのは、どういう違いがあるのでしょうか。

お洋服を買うときを思い浮かべてください。証券会社で購入する際のイメージとしては、まず、お店に行き、そこの商品棚を見て、欲しいものを探すのと似ています。その反対の方法は、欲しい洋服を雑誌などで思い描いてから、お店でそれに似た洋服を選ぶという方法です。それが金融商品になった場合、どちらの方法がご自身に合っているでしょうか。

1 どうやって投資信託を選ぶか

ポートフォリオを組むときに、どの投資信託を選んで買うかで、皆さん、壁を感じるわけですが、選ぶ際には、以下の方法が考えられます。

①証券会社を決めて口座を開設し、その証券会社で投資信託を選ぶ
②何らかの方法で投資信託を選び、その投資信託を買える証券会社を選ぶ

証券会社を決めて口座を開設し、その証券会社で投資信託を選ぶメリットとデメリットを比較してみましょう。

2 証券会社のウェブサイトで選ぶメリット

（1）選んだ商品が必ず買える

当たり前と言えば当たり前なのですが、自分が開設した証券会社のサイトで商品を選べば、選んだ商品が必ず販売されています。別のところで「この投資信託がいいらしい」と聞いてきても、自分が口座を既に持っている証券会社でその投資信託の販売の取り扱いがなければ、購入できません。

（2）購入が楽で手軽

証券会社サイトで商品を調べた後、その商品の名前をクリックすれば、すぐに購入ページに誘導してくれるのも手軽です。複数本、買いたい商品を選んで、その後、証券会社サイトへ行って改めてその商品を探して、購入手続きまで進むというのは、意外と手間に感じる人も多いです。一つのサイトですべて完了するメリットを感じる方は多いと思います。

3 デメリット

（1）証券会社のおすすめが、必ずしもその投資信託の実力と一致しない

証券会社のウェブサイトでは、〇〇ランキングという順位を掲載してい

たり、メールでお知らせしてくれるところがあります。販売ランキング、閲覧ランキング、値上がり率ランキングなど。いわゆる人気度ランキングですが、投資信託の人気は、その実力と必ずしも一致しないことがあります。

　理由は、人間の心理は、人が買っているからいいらしいという噂に流されやすいものです。また、どこかの証券会社が、ある時期、売りたい商品の営業に力を入れている場合もあり、それにつられてみんなが買っているという場合もあります。証券マンが売りたい商品が、今買いどきの良い商品とは限りません。証券会社は、販売のプロであり、運用のプロではありません。いかに、お客様が買いやすい商品を紹介して、手数料をいただくかが仕事です。勿論、それが証券会社のサービスですし、タイムリーな情報を流してくれることも多々あるので、サービスを受けたら手数料を払うのは当然です。ただ、証券会社が、私たちの資産運用にとって、最も有利な商品を常に勧めてくるとは限らないというのが現実です。

　証券会社の方々も、お客様と長いお付き合いをしたいと思っています。最善の策は、自分の希望を先にきちんと伝えておくことでしょう。そうすることで、より良い情報をいただける可能性も高まり、この問題が解消されるかもしれません。また、お伝えした後の対応によって、いい担当者かどうかが分かると思います。ネット証券だと、担当者が存在せず、自分の希望をきちんと伝えるということができませんので、自分で検索する力をつけておくことが重要です。

（２）自分の欲しい商品があるとは限らない

　誰かから、「この投資信託いいよ」と聞いたり、雑誌でおすすめ投資信託を見たりしたことがありますでしょうか。まず、それが自分にとっていい商品かどうか見極める必要はありますが、欲しいと思ったとき、証券会社のサイトで選んでもその商品が見つからないことがあります。それぞれの証券会社で扱っている商品は、世の中にあるすべての投資信託ではないからです。

メリット	選んだ商品が必ず買える
	購入が楽で手軽
デメリット	証券会社のおすすめが、必ずしもその投資信託の実力と一致しない
	自分の欲しい商品があるとは限らない

4 まとめ

　証券会社のサイトで選んで、自分に合ったものを、見つけていける方も
います。メリットとデメリットを比較して、この章の最初の質問
　①証券会社を決めて口座を開設し、その証券会社で投資信託を選ぶ
　②何らかの方法で投資信託を選び、その投資信託を買える証券会社を選ぶ

証券会社ファースト　➡　投資信託を選ぶ
投資信託ファースト　➡　証券会社を選ぶ

のどちらが自分に合っているかで決めていきましょう。

第4章

バランス型ファンドのススメ

第 5 章

モーニングスターサイト活用術

❶モーニングスターで、 自分のポートフォリオを組んでみる

　色々な方とお話をしていると、「何を買ったらいいですか。」「インデックスファンドの○○を買うのはどうですか。」という質問が多く、買う商品を限定することに意識を置かれている方が多いと感じます。ですが、資産運用においては、どの投資信託を買うかということよりも、資産配分を決めることの方がずっと大切です。そして、資産配分は、個々人の投資スタンスによって、変わるものです。

　資産配分を決めた後、それぞれの資産カテゴリーで商品を選択するのですが、インデックスファンドであれば、同じ指標を目標にしている商品はたくさんあり、同じ指標を目標にしているたくさんの投資信託がみんな似たような動きをすることはある程度予想できるでしょうか。例えば、日経平均連動型投資信託であれば、みんな日経平均の上げ下げに似たような動きをするということです。だからこそ、銘柄はさておき、どの資産クラスの投資信託を、どのくらいの期間で、どのくらいの割合で持つかということをまずしっかりやる。その上で、その同じ資産カテゴリーの中からどの商品を選ぶということについては、慎重になり過ぎなくていいと感じています。

　自分の資産配分を決定してから、ポートフォリオを組んでみるという作業を、是非、やってみましょう。

　ポートフォリオを組むための自動シミュレーションソフトは、最近は色々な証券会社でも提供されているかと思います。その中で、私は、モーニングスターのウェブサイトをおすすめしています。モーニングスターは、証券会社ではなく、投資信託の格付け評価機関で、そのウェブサイトに全ての投資信託の情報を網羅して掲載しています。掲載されている「ポートフォリオを組む」というオンラインシミュレーションはとても使いやすく分かりやすいです。

　この章では、実際に、モーニングスターサイトを活用して、ポートフォリオを組んでみる方法をお伝えします。各々の人によって取れるリスクの許容範囲が異なりますので、結果も、個々人異なるものが得られます。

(1) モーニングスターのウェブサイト
https://www.morningstar.co.jp/

モーニングスターのウェブサイトをあけます。

　モーニングスターの赤いロゴの下の一直線の帯をメニューバーと呼びます。メニューバーから「投資信託」を選択します。（以下、画面はモーニングスターWEBサイトより）

（出典：モーニングスターウェブサイト）

(2) ポートフォリオを組む

「目標金額に必要な利回りでポートフォリオを組む」をクリックします。

（出典：モーニングスターウェブサイト）

（3）自分の状況に合わせてシミュレーション

選択肢が３つ現れます。

1	**2**	**3**
毎月積み立てる場合	一括で投資する場合	毎月取り崩す場合

１．毎月積み立てる場合

毎月の収入から一定額が積立てできそうな方は、毎月積み立てる場合

２．一括で投資する場合

今いくらかまとまったお金がある、例えば、何かの金融商品が満期を迎えるなど、一括投資が可能そうな場合

３．毎月取り崩す場合

退職を迎えるなどのタイミングで、今まで貯めてきたお金を毎月取り崩ししたい場合

それぞれの場合の必要な額などをシミュレーションしてみることができます。本書では、毎月積み立てる前提で、１．のやり方を説明していきます。２．の一括で投資する場合も、３．の毎月取り崩す場合も、同じようなやり方でシミュレーションできますので、そのような状況の場合には、別途取り組むことができます。

実際にやってみましょう。

①毎月積み立てる場合

　毎月積み立てるという前提で、「毎月積み立てる場合」をクリックします。

　このページでは、目標金額を得るためには、いくら積み立てていったらいいかの金額を、計算してくれます。

（図５－１－３－１）

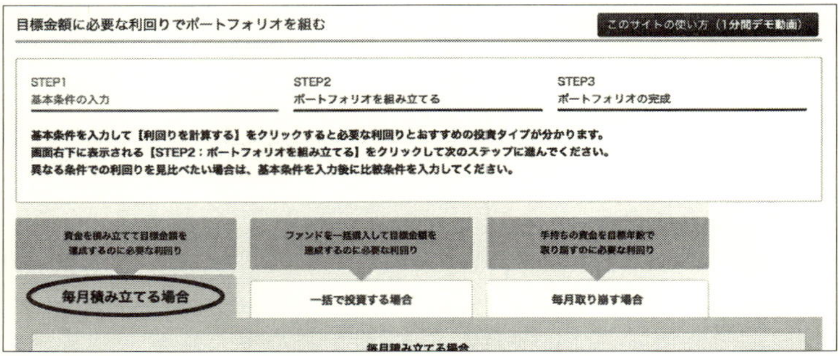

（出典：モーニングスターウェブサイト）

②条件を設定する

　自分の希望に従って、以下の項目に数字を入れていきます。

（図５－１－３－２）

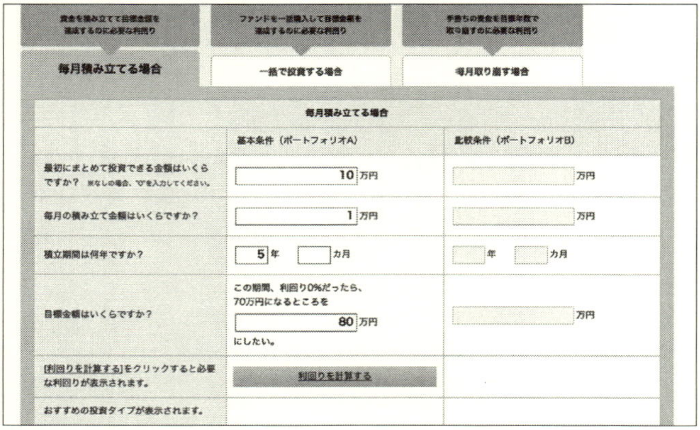

（出典：モーニングスターウェブサイト）

最初にまとめて投資できる金額はいくらですか？
頭金は少しでもあると、投資効率が上がりますので、余裕資金の範囲内でいれます。

毎月の積立金額はいくらですか？
毎月の現実的な金額を入れます。今回の例では、1万円と入れてみます。

積立期間は何年ですか？
まとまったお金が必要な時期までに、何年何か月あるか計算して入れてみます。例えば、図表5-1-3-2の例では、5年後に子供が入学時期を迎えるなどのイベントがあるとして年数が入っています。本来は、長い方が投資効果が高いです。リスク分散も考え、10年以上あると理想的です。

目標金額はいくらですか？
上記までの数字を入れると、
「この期間、利回り0%だったら、〇〇万円になるところを ＿＿＿＿＿＿ 万円にしたい。」と表示されます。
その数字を見て、実際の希望金額を入れます。現実的かどうかは、結果を見てから考え直すこともできます。

「利回りを計算する」をクリックすると必要な利回りが表示されます。
「利回りを計算する」の文字を押してみます。
すると計算結果が、数字として表れます
年 ＿＿＿ ％

おすすめの投資タイプが表示されます。
この欄には、この金額を得るためのご自身の投資姿勢タイプが表示されます。

a.低すぎる	b.安定運用	c.スタンダード	d.積極運用	e.高すぎる
～1%	1%～	3%～	5%～	8%～

　　a. 利回りが低すぎる場合

　例えば、利回りが 1% 未満で、目標額を達成する場合は、計算されません。「利回りが 1% 未満です。低すぎますので再入力お願いいたします」というメッセージが現れますので、OK を押して終了して、やり直してください。

　　b. 安定運用タイプ

　　　目標利回りが 3% 未満

　　c. スタンダードタイプ

　　　目標利回りが 3% 以上 5% 未満

　　d. 積極運用タイプ

　　　目標利回りが 5% 以上

e. 利回りが高すぎる場合

　利回りが 8% 以上ないと、目標額を達成しない場合は、計算自体がされません。

「利回りが 8% を超えています。高すぎますので再入力お願いいたします」というメッセージが現れますので、OK を押してその画面を終了して、やり直してください。

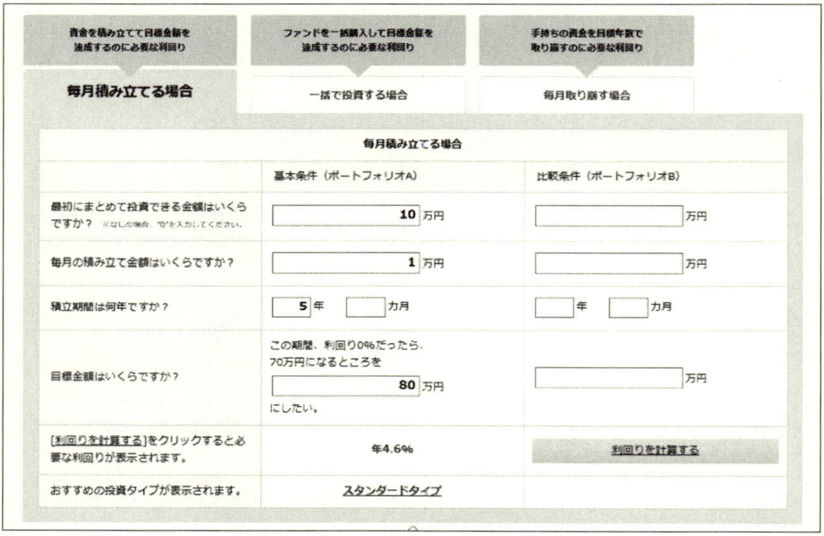

（出典：モーニングスターウェブサイト）

③条件を変えてシミュレーションしてみる

　上記の結果を受けて、別のパターンをシミュレーションし、比較することができます。例えば、先ほどの条件（ポートフォリオ A）を入れたまま、比較条件（ポートフォリオ B）にも数字を入れます。

　例として、次のパターンをご覧ください。「スタンダードタイプにはなったけれど、年 4.6％の利回りを 5 年間でというのは、少し私にとってはリスク取り過ぎだ」と考えたとします。そこで、取れる対策としては、
　▶パターン 1
最初にまとめて投資できる額を増やす
　▶パターン 2
毎月の積立額を多くしてみる
　▶パターン 3
積立期間をもう数年増やしてみる
　▶パターン 4
目標金額を減らす
などが考えられます。

　以下で、具体的に見てみましょう。

▶パターン１　最初にまとめて投資できる額を増やす

　最初にまとめて投資できる額を増やすというパターンでシミュレーションしてみましょう。最初にまとめて投資できる金額を５万円増やして、15万円にしてみます。「利回りを計算する」をクリックします。

	毎月積み立てる場合	
	基本条件（ポートフォリオA）	比較条件（ポートフォリオB）
最初にまとめて投資できる金額はいくらですか？ ※なしの場合、"0"を入力してください。	10 万円	15 万円
毎月の積み立て金額はいくらですか？	1 万円	1 万円
積立期間は何年ですか？	5 年　　カ月	5 年　　カ月
目標金額はいくらですか？	この期間、利回り0%だったら、70万円になるところを 80 万円 にしたい。	この期間、利回り0%だったら、75万円になるところを 80 万円 にしたい。
[利回りを計算する]をクリックすると必要な利回りが表示されます。	年4.6%	年2.2%
おすすめの投資タイプが表示されます。	スタンダードタイプ	安定運用タイプ

この投資タイプでシミュレーション　　＞　　　　　　STEP2：ポートフォリオを組み立てる ＞

比較条件（ポートフォリオB）
安定運用タイプ【目標利回りが3%未満】

目標利回りが3%未満のあなたは、安定運用タイプにあてはまります。ライフイベントまでの運用期間と必要金額のバランスに余裕がありますから、比較的リスクが低い債券を中心に安定的に運用しましょう。

（出典：モーニングスターウェブサイト）

　いかがでしょう。たった、これだけ変えるだけで、年2.2％の利回り安定運用タイプになりました。初期投資のお金は、驚くほど投資効果をあげてくれます。

112

▶パターン2　毎月の積立額を多くしてみる

次に、毎月の積立額を 1,000 円増やして、11,000 円にしてみましょう。入力する際は、1,000 円は 0.1、2,000 円は 0.2 などとして、小数点第一位で入力します。

(出典 : モーニングスターウェブサイト)

　いかがでしょう。たった、1,000 円毎月の積立額を上げるだけで、年1.8%の安定運用タイプになりました。こうなってくると、無理がほとんどないように感じられることでしょう。

▶パターン3　積立期間をもう数年増やしてみる

　次に、積立期間を少し延ばしてみましょう。

　例えば、開始時期を少し早める、若しくはお金が必要な時期までに、数か月余裕があるという場合など考えられるかもしれません。5か月間延ばしてみます。

（出典：モーニングスターウェブサイト）

　すると、年2.1％の安定運用タイプになります。

114

▶パターン4　目標金額を減らす

　最後に、目標額を少し下げてみましょう。「80万円ぴったりなくても大丈夫かも、4万円くらいはなんとかなるかな」というような形で考えてみます。76万円と入れてみましょう。

（出典：モーニングスターウェブサイト）

　年2.9%　安定運用タイプの提案になりました。「あまり積極的な運用はしたくない。3%以内に抑えたい」という場合はいいかもしれません。勿論、目標時期に目標金額が足りるシミュレーションが得られなければ元も子もありませんから、76〜80万円の中で、色々試してみるのもいいでしょう。

　今回は、分かりやすいように、小さな数値、短い期間で例示しましたが、実際には、もう少し長いスパンで検討すると、良い結果を得られる可能性

が高くなります。

　というのは、利回りは、その年数での平均値ですので、この数値よりも良い年もあれば悪い年も必ずあります。長い時間があれば、数年悪い期間があっても、良い景気の時期が回ってきてリカバリーできる資産カテゴリーの投資信託もあります。ひどい不景気時期に陥ってしまって、数年景気が戻ってこない時期もあるかもしれません。できれば、10年以上など長めの期間をとって、必要金額を準備、運用していくことを、おすすめします。

▶パターン5

　最後に、パターン1～パターン4をやってみて、「思うよりも低い年利でお金が回せそうだ」と思えたとします。そこで、もう少し長いスパンでも、別途お金を運用してみるというパターンのシミュレーションもしてみましょう。

　「5年後には次男の学校の教育資金が必要だと思ったけれど、10年後には自分たちの家のリフォーム資金が欲しい」と思ったとします。

　積立期間を10年として積み立てて、運用利回りが0%だったとしても、貯蓄として130万円貯められるところです。そこで、目標金額を160万円と入れてみます。

毎月積み立てる場合		
	基本条件 (ポートフォリオA)	比較条件 (ポートフォリオB)
最初にまとめて投資できる金額はいくらですか？ ※なしの場合、"0"を入力してください。	10 万円	10 万円
毎月の積み立て金額はいくらですか？	1 万円	1 万円
積立期間は何年ですか？	5 年 　 カ月	10 年 　 カ月
目標金額はいくらですか？	この期間、利回り0%だったら、70万円になるところを 80 万円 にしたい。	この期間、利回り0%だったら、130万円になるところを 160 万円 にしたい。
[利回りを計算する]をクリックすると必要な利回りが表示されます。	年4.6%	利回りを計算する
おすすめの投資タイプが表示されます。	スタンダードタイプ	

（出典：モーニングスターウェブサイト）

116

利回りを計算するボタンを押します。すると、

毎月積み立てる場合		
	基本条件（ポートフォリオA）	比較条件（ポートフォリオB）
最初にまとめて投資できる金額はいくらですか？ ※なしの場合、"0"を入力してください。	10 万円	10 万円
毎月の積み立て金額はいくらですか？	1 万円	1 万円
積立期間は何年ですか？	5 年　　カ月	10 年　　カ月
目標金額はいくらですか？	この期間、利回り0%だったら、70万円になるところを 80 万円 にしたい。	この期間、利回り0%だったら、130万円になるところを 160 万円 にしたい。
[利回りを計算する]をクリックすると必要な利回りが表示されます。	年4.6%	年3.8%
おすすめの投資タイプが表示されます。	スタンダードタイプ	スタンダードタイプ

この投資タイプでシミュレーション ＞　　　　　　STEP2：ポートフォリオを組み立てる ＞

比較条件（ポートフォリオB）
スタンダードタイプ【目標利回りが3%以上5%未満】

目標利回りが3%以上5%未満のあなたは、投資信託のパフォーマンスとしては王道を行くスタンダードタイプです。国内債券を除く5つの種類に配分して運用すれば、無理なく目標利回りを達成できるでしょう。

（出典：モーニングスターウェブサイト）

　年3.8%のスタンダードタイプと表示されました。10年後のリフォームは、ただ貯金しようと思っていたのが、この結果を見ると、また何か違うことを感じられるかなと思います。ただ、一つ大原則ですが、投資は必ずそうなるという保証がないことを改めて意識はしておきたいところです。

　このような結果を見るととても嬉しくなって、多くの成果を期待される方が多いのですが、投資を始める時期、またその時期の経済状況によって結果は変わってきます。できるだけ長い期間で取り組むようにすることが基本です。長期運用が時間分散効果を図ることにつながります。

④おすすめの資産配分を見てみる

　様々なパターンを見てきたわけですが、それぞれのシミュレーション結果の下の部分に、あなたにオススメのポートフォリオという画面が、出ています。スクロールダウンして見てみましょう。

A 基本条件（ポートフォリオA）の方を見てみます

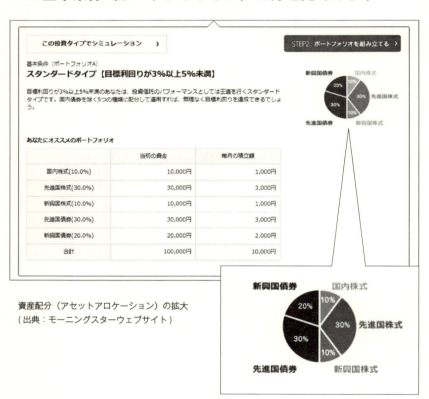

資産配分（アセットアロケーション）の拡大
（出典：モーニングスターウェブサイト）

「このような割合で、自分の資産を持っておくと、こういう利回りが見積もれるのだな」ということが感じられることと思います。勿論、色々な割り振り方は考えられると思いますが、私たち資産運用初心者は、ここで示されたおすすめの資産配分で資産を持ってみるのはとてもよいと思います。

　円グラフから「新興国株式も少しは入っている」とか、「先進国株式や債券を多めに持っている」という配分が見てとれます。自分の頭の中で考えてもみなかった配分かもしれません。もしバランス型ファンドを既に持っていたら、中身を見比べてみるのも面白いかもしれません。自分の希望通りの資産配分のバランス型ファンドを最初から購入していればいいのですが、そもそも何が入っている商品なのか知らないという方も多くいます。

　ここで行っているのは、自分のリスクに見合った資産配分をこのように割り出した後、この章の後半でそれぞれの資産クラスの投資信託を一つずつ選び、最終的に5本の投資信託を選びます。一つずつ手順を踏んで、自分のポートフォリオを組むということができるということです。それをとても面倒くさいと感じる方は、バランス型ファンドを買うのもいいと思います。バランス型ファンドの選び方については、第4章で説明しています。バランス型ファンドを持つということは、プロ集団に手数料を払って、リスク分散された商品を買うということです。

第5章　モーニングスターサイト活用術

119

B 基本条件（ポートフォリオB）の方を見てみます

　安定タイプの運用を検討したいので、少し条件を変えます。基本条件
（ポートフォリオ B）の方に、少し違う数値を入れてみます。

毎月積み立てる場合		
	基本条件（ポートフォリオA）	比較条件（ポートフォリオB）
最初にまとめて投資できる金額はいくらですか？ ※なしの場合、"0"を入力してください。	10 万円	10 万円
毎月の積み立て金額はいくらですか？	1 万円	1 万円
積立期間は何年ですか？	5 年 □ カ月	10 年 □ カ月
目標金額はいくらですか？	80 万円	この期間、利回り0%だったら、130万円になるところを 150 万円 にしたい。
[利回りを計算する]をクリックすると必要な利回りが表示されます。	年4.6%	年2.6%
おすすめの投資タイプが表示されます。	スタンダードタイプ	安定運用タイプ

（出典：モーニングスターウェブサイト）

ポートフォリオ B の基本条件で、目標金額を 150 万円にしてみます。すると、安定タイプと表示されました。このまま下の方にスクロールダウンしてみてください。以下のように表示されます。

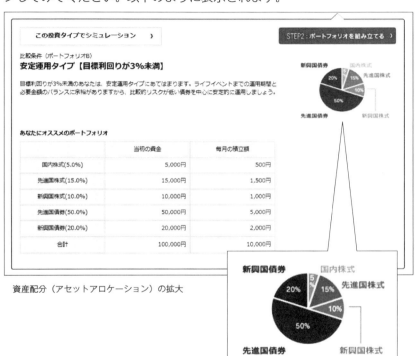

資産配分（アセットアロケーション）の拡大

(出典：モーニングスターウェブサイト)

　先進国債券の割合がこんなに増えました。安定タイプで 150 万円貯めたいのであれば、無理をしてリスクの高い投資信託を組み合わせる比率を上げなくてもいいわけです。債券の多さにも気づくと思います。日本はここしばらく超低金利時代が続いているから、国内債券が含まれていないのも、良いように思えます。債券は、先進国と新興国で 70％を確保しています。残りの部分が株式です。ここも先進国の株式が 15％占めていますので、新興国株式は 10％に抑えられています。

「あなたにおすすめのポートフォリオ」に表示されている金額は、最初に自分が記入した金額を資産配分割合で分けた金額です。それぞれの資産クラスから投資信託を購入する、それが投資信託を複数持つということです。

お役立ち情報

バランス型ファンドに関して、「超低金利時代、債券は少なくして株式を多くするということをプロがしてくれているよね？」と思われる方もいるかもしれません。バランス型ファンドにも色々ありますが、固定配分のバランス型ファンドは、最初に商品設計されたときの配分基準を守って運用していくタイプの商品です。リスク（値動きの振れ幅）を小さくする効果があります。途中で、投資マネージャーが資産配分を変えるということはありません。良かれと思って手を打っても、その時の判断とは異なる方向へ市場が進む場合もあります。最初に日本の債券を一定割合で含んでいれば、その先もその割合で運用される商品は多いです。

市場環境に応じて資産配分を機動的に変更するバランス型ファンドもありますが、効果を発揮するかどうかはファンドマネージャーやそのときの市場によります。

⑤「ポートフォリオを組み立てる」

いよいよ、ポートフォリオを組み立てます。ここまでのところで、自分の希望条件に合った資産配分を出しました。それぞれの資産クラスごとに投資信託を選び、ポートフォリオを組み立てましょう。

STEP2　ポートフォリオを組み立てる　というボタンをクリックします。

(出典：モーニングスターウェブサイト)

⑥実際に組み立ててみる

　ポートフォリオを組み立てるページに行きます。それぞれの資産クラスについて、10本ずつの投資信託が　1位から10位まで表示されます。資産クラスは、円グラフと同様、以下の5つです。

| 国内株式 | 先進国株式 | 新興国株式 | 先進国債券 | 新興国債券 |

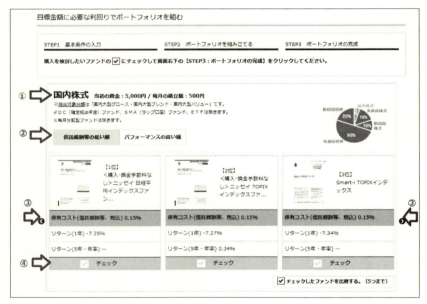

（出典：モーニングスターウェブサイト）

①	資産クラスが何かが分かります。こちらの例では、国内株式です。その横を見ると、当初の資金 ５，０００円 ／ 毎月の積立額 ５００円 となっています。資産配分の割合で表示されています。
②	信託報酬の低い順と、パフォーマンスの高い順のいずれかに、クリックして切り替えることができます。色がグレイに変わると、その下に見えている投資信託の１位～３位の商品も変わります。
③	見えている範囲には３つの投資信託が並んでいます。両端にある<と>のマークをクリックすると、画面が左右に移動し、４位～１０位も表示されます。信託報酬の低い順を選択し、費用の安いものの中で選びます。信託報酬等の低い順を選択して選ぶ背景には、信託報酬は、投資信託会社が定めた費用で目論見書にも記載があり、必ず守られる％です。一方、パフォーマンスというのは、あくまでも過去の実績です。過去の５年間が、これからの５年間と同じパフォーマンスかというと、そのときの経済状況や国の状況によって変わります。ですので、色々な側面から分析できる方でなければ、信託報酬等の低い順を選んだ方が無難でしょう。
④	信託報酬等の低い順、つまりコストの低い順なので、あまり深く考えず、１位から５位を選んでみましょう。チェックしたファンドを比較できるのが５本以内なので、まずは５本チェックを入れてみましょう。２～４本でも構いません。

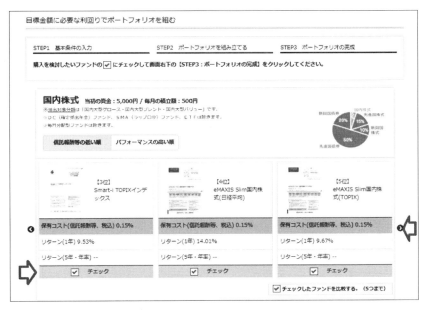

(出典：モーニングスターウェブサイト)

最後に、「チェックしたファンドを比較する（5つまで）」。という言葉の上で、クリックします。すると、下記のようなファンド比較のページが現れます。

ファンド名	<購入・換金手数料なし>ニッセイ 日経平均インデックスファンド	<購入・換金手数料なし>ニッセイ TOPIXインデックスファンド	Smart-i TOPIXインデックス	eMAXIS Slim国内株式(日経平均)	eMAXIS Slim国内株式(TOPIX)
運用会社名	ニッセイ	ニッセイ	りそな	三菱UF投信	三菱UF投信
カテゴリー	国内大型グロース	国内大型ブレンド	国内大型ブレンド	国内大型グロース	国内大型ブレンド
基準価額	17,943円	14,336円	13,934円	13,462円	14,590円
純資産	27,183 百万円	44,864 百万円	2,443 百万円	14,783 百万円	40,395 百万円
ヘッジ					
インデックスファンド	インデックス	インデックス	インデックス	インデックス	インデックス
最低申込金額	10,000円	10,000円	10,000円	10,000円	10,000円
販売手数料	0.00%	0.00%	0.00%	0.00%	0.00%
信託報酬等(税込)	0.15%	0.15%	0.15%	0.15%	0.15%
償付日	無期限	無期限	無期限	無期限	無期限
運用年数	4年	6年	4年	3年	4年
誤差率	0.16%	0.16%	0.20%	0.15%	0.16%
売買回転率	--	--	--	--	--
デュレーション(債券の場合)	--	--	--	--	--
格付(債券の場合)	--	--	--	--	--
トータルリターン1年	23.00%	23.58%	23.54%	23.05%	23.61%
トータルリターン3年(年率)	9.03%	6.46%	6.40%	9.03%	6.49%
トータルリターン5年(年率)	--	10.34%	--	--	--
トータルリターン10年(年率)	--	--	--	--	--
シャープレシオ1年	1.35	1.73	1.73	1.35	1.74

(出典：モーニングスターウェブサイト)

まずは、次の項目を見てみます。

純資産の大きさ	資産は安定して大きい方がいいので、目安ですが10億円未満の投資信託を、この時点で外しておくのが無難です。
信託報酬	モーニングスターの機能で、低い順に並んでいたのですから、基本的には、低めのものばかり並んでいるはずです。
過去のパフォーマンス	過去のパフォーマンスの良し悪しは、トータルリターンの欄で比較します。3年以上運用年数がないものもあるので、比較が難しいのですが、本来、長ければ長いほどいいわけです。1年より3年、3年より5年、5年より10年です。この場合、5本全部揃えて比較するには1年で見るしかないですが、運用実績があるものの方が好ましいので、3年以上過去のパフォーマンス実績があるものだけの3本に絞って、トータルリターン3年のところの数字を比較しても良いでしょう。ただ、何度もお伝えしますが、過去の結果が必ず将来の良し悪しと同じかどうか、それは誰にも分かりません。
シャープレシオ	もう一つ比較したいのが、シャープレシオです。シャープレシオとは、投資の効率性を図る指標で、単純なリターンの大小ではなく、そのリターンを得るためにどれくらいのリスクをとっているかを計測する数値です。投資信託を比較したとき、シャープレシオの数値が大きいほど、低いリスクで高いリターンを得たことを示すので、リターンが同じであれば、シャープレシオが大きいものを選ぶと良いです。

上記4つの項目を比較すると、この条件下では、ニッセイ日本平均インデックスファンドや、eMAXIS slim 国内株式（TOPIX）が候補になりそうです。ここでは仮に、ニッセイ日本平均インデックスファンドを選択しておきます。他の4本からは、チェックマークを外します。

　そして、この作業を、それ以降の資産カテゴリーの先進国株式などにもすべて行っていきます。

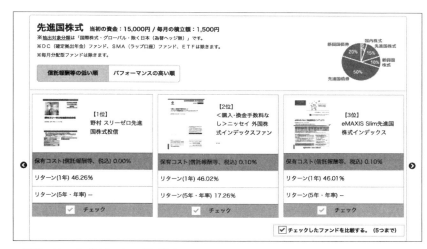

（出典：モーニングスターウェブサイト）

　最後の資産クラスである新興国債券まで1本ずつ、チェックしたとします。

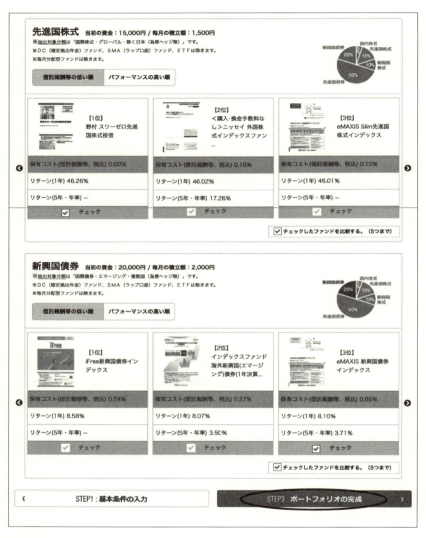

(出典：モーニングスターウェブサイト)

⑦ポートフォリオの完成

各資産クラスすべてに一つずつチェックが入っていることを確認し、 STEP 3ポートフォリオの完成 というボタンをクリックします。

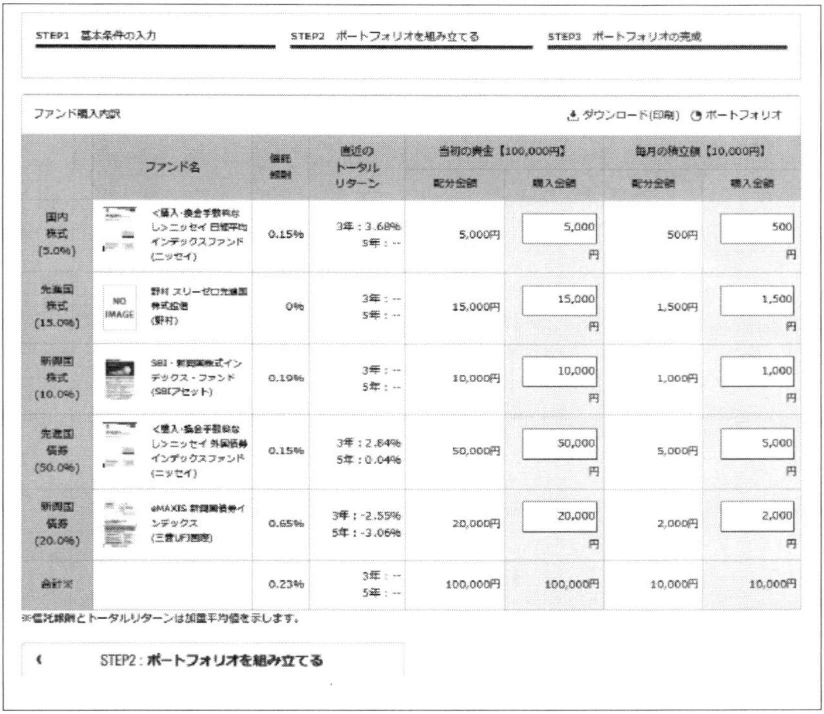

STEP1 基本条件の入力　STEP2 ポートフォリオを組み立てる　STEP3 ポートフォリオの完成

ファンド購入内訳　ダウンロード(印刷)　ポートフォリオ

	ファンド名	信託報酬	直近のトータルリターン	当初の資金【100,000円】		毎月の積立額【10,000円】	
				配分金額	購入金額	配分金額	購入金額
国内株式(5.0%)	<購入・換金手数料なし>ニッセイ日経平均インデックスファンド(ニッセイ)	0.15%	3年：3.68% 5年：--	5,000円	5,000円	500円	500円
先進国株式(15.0%)	NO IMAGE 野村スリーゼロ先進国株式投信(野村)	0%	3年：-- 5年：--	15,000円	15,000円	1,500円	1,500円
新興国株式(10.0%)	SBI・新興国株式インデックス・ファンド(SBIアセット)	0.19%	3年：-- 5年：--	10,000円	10,000円	1,000円	1,000円
先進国債券(50.0%)	<購入・換金手数料なし>ニッセイ外国債券インデックスファンド(ニッセイ)	0.15%	3年：2.84% 5年：0.04%	50,000円	50,000円	5,000円	5,000円
新興国債券(20.0%)	eMAXIS 新興国債券インデックス(三菱UFJ国際)	0.65%	3年：-2.55% 5年：-3.06%	20,000円	20,000円	2,000円	2,000円
合計※		0.23%	3年：-- 5年：--	100,000円	100,000円	10,000円	10,000円

※信託報酬とトータルリターンは加重平均値を示します。

STEP2：ポートフォリオを組み立てる

(出典：モーニングスターウェブサイト)

自分だけのポートフォリオが完成です。

参考）モーニングスターのウェブサイトで提案してもらえる資産配分

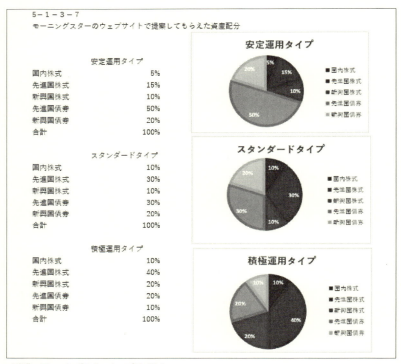

（出典：モーニングスターウェブサイト）

お役立ちポイント

　その他、資産配分の安定運用タイプの方々向けの良い例としては、GPIF（年金積立金管理運用独立行政法人）の配分をまねるという方法もあります。GPIF のウェブサイトアドレスは、https://www.gpif.go.jp/ です。運用状況や資産配分は、インターネットで公表されているので、自分の投資のタイミングに合わせて確認し、参考にしてみてもいいでしょう。

GPIFの基本ポートフォリオの考え方
https://www.gpif.go.jp/gpif/portfolio.html

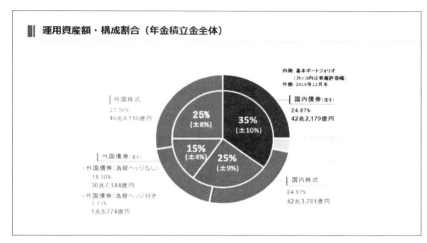

GPIFのウェブサイト 2019年度の運用状況 「運用資産額・構成割合」(2020年5月末) より
https://www.gpif.go.jp/

❷モーニングスターで、投資信託を選んでみよう【株式投資信託】

　ここまでのところで、資産配分を設定しポートフォリオを組み立てました。その際、選ぶ投資信託は、それぞれの資産クラスごとに10本ずつ選ばれたものの中からでした。

　ここからは、各資産クラスの全投資信託を対象に、スクリーニングしながら選ぶ方法を試してみましょう。スクリーニングというのは、「選別する、ふるい分けする」という意味で、数あるものの中から条件に合ったものを選別していく作業です。第4章のバランス型ファンドで行ったスクリーニング作業と同じような流れです。

(1) 詳細条件でファンドを検索

モーニングスターサイトで、詳細条件でファンドを検索をクリックします。

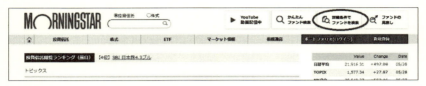

(出典：モーニングスターウェブサイト)

(2) スクリーニング画面で条件を指定

スクリーニング画面が現れ、詳しく条件を指定して検索ができるようになります。

(出典：モーニングスターウェブサイト)

　ファンドタイプのカテゴリーは大切です。カテゴリーボックスの右側のバーを下方にスクロールすると、全部の選択肢が表示されます。選択肢を見ると、資産カテゴリーをこのような切り口で細かく分けることができることが分かります。

大項目として、

（ア）　国内株式型

（イ）　国内債券型

（ウ）　国内 REIT 型

（エ）　国際株式型

（オ）　国際債券型

（カ）　国際 REIT 型

（キ）　バランス型

（ク）　コモディティ

（ケ）　ヘッジファンド

（コ）　ブル・ベア型

に分けられています。更に、それぞれの資産クラスの中に、細かい分類があります。国内株式型なら、企業の大きさの大中小や、バリュー・ブレンド・グロースに分けられています。バリューとか、グロースという言葉は、株式投資における投資手法を分類した言葉です。

バリュー株投資	割安な株式、つまりその企業の資産性や収益性から見た企業本来の価値に対して、現在ついている株価が割安になっているものを選んで投資することです。
グロース株投資	その企業の将来の成長力に着目した投資法で、今後もっと伸びていくだろう企業を選んで投資することです。
ブレンド型投資	バリュー型とグロース型の両方を採用して投資することです。

それぞれの資産クラスの中から、どんな投資信託を選ぶのかを検討する。そして、資産クラスが異なるようにして、投資信託を複数本選んでいくのがキーです。

■国内株式の資産クラスから選ぶ場合

例として、国内株式の資産クラスの中から、選んでいきましょう。ファンドタイプのカテゴリーの中から、国内株式型をハイライトして選びます。

133

その下の分類まで絞り込んでもいいのですが、今回は国内株式型全体の中から、選んでいく方法をご紹介します。

(出典:モーニングスターウェブサイト)

その他のスクリーニングの条件も入れていきます。第4章のときよりも、更に詳しく説明します。

メインの画面に直接入れていきます。

次の項目にチェック します。

①カテゴリー	国内株式型
②ファンド種類	ETF・DC専用・SMA専用を除く全ファンドにチェックがデフォルトで入っているか、確認します。
③決算頻度	「1年ごと」を選ぶ。あまり頻繁に決算するものを選ばない。

(出典:モーニングスターウェブサイト)

3) その他項目

更にスクロールダウンして、下方の項目にも条件を入れていきます。

(出典:モーニングスターウェブサイト)

その他の以下の3項目に、それぞれ数字を入れ、チェックを入れます。

運用年数	3 年以上
償還までの時間	30 年以上
純資産総額	1000 百万円以上

検索するボタンをクリックします。

(3) ファンド検索結果

スクリーニングされたファンド検索結果の表が現れます。169件が抽出されました。

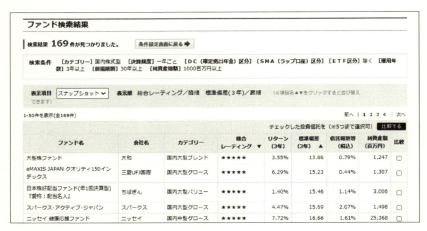

(出典：モーニングスターウェブサイト)

ファンド検索結果　から、いくつか商品を選んで比較します。

方法は、次の通りです。
①コストを選ぶ
表の表示項目で、プルダウンメニューを出し、コストを選びます。

(出典：モーニングスターウェブサイト)

136

②信託報酬等（税込）の欄

検索結果の画面の中の信託報酬等の欄にある▲の向きが、上下反対になっていないか確認し、小さい順に並んでいることを確認します。

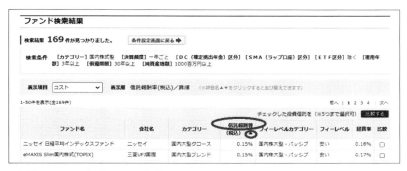

(出典：モーニングスターウェブサイト)

信託報酬等（税込）が０.１５％、経費率も比較的低いものがあることが分かります。

⑤比較検討する

５本以内の商品を選んで、詳細を見ながら比較検討することができます。信託報酬等の欄やその他情報を見ながら比較して、５本以内の投資信託を選びます。

(出典：モーニングスターウェブサイト)

チェックした銘柄を　比較するボタンを押してください。

(4) ファンド比較

　ファンド比較というページが現れます。全てインデックスファンドで、そのインデックス指標は、商品名から TOPIX 連動型が 3 本で日経平均株価連動型が 2 本あることが分かります。

ファンド名	ニッセイ TOPIXインデックスF	iFree日経225インデックス	iFreeTOPIXインデックス	ニッセイ 日経平均インデックスファンド	eMAXIS Slim国内株式(TOPIX)
運用会社名	ニッセイ	大和	大和	ニッセイ	三菱UFJ国際
カテゴリー	国内大型ブレンド	国内大型グロース	国内大型ブレンド	国内大型グロース	国内大型ブレンド
基準価額	11,021円	14,466円	12,976円	13,593円	11,214円
純資産	29,592 百万円	10,337 百万円	1,899 百万円	10,879 百万円	19,127 百万円
ヘッジ	無	無	無	無	無
インデックスファンド	インデックス	インデックス	インデックス	インデックス	インデックス
最低申込金額	10,000円	10,000円	10,000円	10,000円	10,000円
販売手数料	0%	0%	0%	0%	0%
信託報酬等(税込)	0.15%	0.15%	0.15%	0.15%	0.15%
償還日	無期限	無期限	無期限	無期限	無期限
運用年数	5年	3年	3年	3年	3年
経費率	0.17%	0.16%	0.19%	0.18%	0.17%
売買回転率	--	--	--	--	--
デュレーション(債券の場合)	--	--	--	--	--
格付(債券の場合)	--	--	--	--	--
トータルリターン1年	5.91%	8.50%	5.95%	8.40%	5.97%
トータルリターン3年(年率)	2.07%	5.68%	2.06%	5.64%	2.11%
トータルリターン5年(年率)	0.65%	--	--	--	--
トータルリターン10年(年率)	--	--	--	--	--
シャープレシオ1年	0.33	0.42	0.33	0.42	0.33
シャープレシオ3年	0.13	0.33	0.13	0.33	0.14
シャープレシオ5年	0.04	--	--	--	--

（出典：モーニングスターウェブサイト）

　①「純資産」。

　純資産は大きい方が好ましいです。最初のスクリーニングで 10 億円以上のものを選びました。5 本の候補のうち 4 本が 100 億円を超えています。

　②コスト（経費）

　コストというのは経費で、その投資信託に実際かかった経費です。経費率という欄を見てください。信託報酬もここに含まれていて、それ以外にも監査法人の監査費用などがかかっています。信託報酬の低い順に並べてこの 5 本を選んだので、経費率が低めの投資信託が選ばれています。信託報酬のみならずその他の費用を含めた経費率がしっかり載っている証券会社のウェブサイトは少ないですが、モーニングスターはできるだけ調べて載せてくれているようです。経費は、個別の投資信託の目論見書や運用報

告書に開示されています。

③販売手数料

スクリーニングする際に今回は無料のものを選んだので、0%と書いてあるものばかりのはずです。

④信託報酬等

0.15%のものばかりでスクリーニングしたので、ここでは、0.15%のものばかりはずです。

⑤償還日

償還まで長い方が好ましいです。長期で運用する前提なので、目標に達する前の途中で償還される予定があるものは、最初から候補から外しておきます。今回は30年以上でスクリーニングしたので、無制限になっているものが多いはずです。

⑥運用年数

過去の実績を参考に確認することができるので、運用年数は長い商品の方が好ましいです。

更に、スクリーニングの条件には入れなかった、以下の項目も見ておきましょう。

⑦トータルリターン

1年、3年、5年、10年とありますが、できるだけ長い期間で過去のトータルリターンを確認したいところです。この例の場合なら、5本の投資信託全部で比較できる最長期間は3年です。

6ヵ月や1年だと、前年単年度の市場動向に影響されるので、そこまで参考にならないかもしれません。過去1年だけパフォーマンスが良かったものを比較しても、未来の10年間がどうなるかは分からないからです。

最低３年比較できる場合に、信用した方がいいでしょう。

⑧シャープレシオ

リターンだけでなく、シャープレシオも見ておきましょう。シャープレシオは、第１章に用語の説明があります。数値が大きい方が、同じリスクをとった場合、高いリターンであったことを表すため、優秀な投資信託ということができます。比較期間としては、トータルリターンと同じ考え方で、長い方が信頼できます。

この中から選んでいくわけですが、例えば、純資産的には、ニッセイTOPIXインデックスファンドと、eMAXIS Slim 国内株式（TOPIX）が資金を集めているようです。元々10億円以上の投資信託をスクリーニングしていますので、どの投資信託を選んでも安定的な投資信託だと思います。

経費率については、どれもみんな低コストです。

過去３年間のトータルリターンも、シャープレシオも、iFree 日経 225インデックスと、ニッセイ日経平均インデックスファンドが選択肢になりそうです。トータルで考えて選ぶのですが、ここで、運用資産の推移（資金の流入・流出）の見方をお伝えしましょう。

（5） 運用資産の推移（資金の流入・流出）の見方

例えば、経費率の低い iFree 日経 225 インデックスを見てみます。

①特定の投資信託のページ

ファンド比較表タイトル行のファンド名にリンクが張られているので、クリックします。

ファンド名	ニッセイ TOPIXインデックスF	iFree日経225インデックス	iFreeTOPIXインデックス	ニッセイ 日経平均インデックスファンド	eMAXIS Slim国内株式(TOPIX)
運用会社名	ニッセイ	大和	大和	ニッセイ	三菱UFJ国際
カテゴリー	国内大型ブレンド	国内大型グロース	国内大型ブレンド	国内大型グロース	国内大型ブレンド
基準価額	11,021円	14,466円	12,976円	13,593円	11,214円
純資産	29,592 百万円	10,337 百万円	1,899 百万円	10,879 百万円	19,127 百万円
ヘッジ	無	無	無	無	無
インデックスファンド	インデックス	インデックス	インデックス	インデックス	インデックス

(出典：モーニングスターウェブサイト)

②詳細画面

iFree日経インデックスの詳細画面が見られます。グレーの帯の「リターン」タブをクリックします。

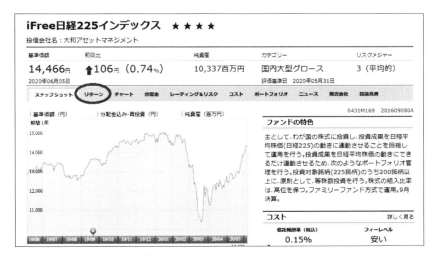

(出典：モーニングスターウェブサイト)

③月次資金流出入額

月次資金流出入額という用語をクリックします。

(出典：モーニングスターウェブサイト)

④月次資金流出入額グラフ

　月次資金流出入額のグラフを見ることができます。縦（Y）軸のスケールにおいて、プラス（0より上）が流入で、マイナス（0より下）が流出です。そのときの経済状況にもよりますが、3ヵ月連続マイナスになっていないことを確認しておきましょう。あまりに流出が多い投資信託は避けた方が良いでしょう。

　iFree日経225インデックスの場合です。

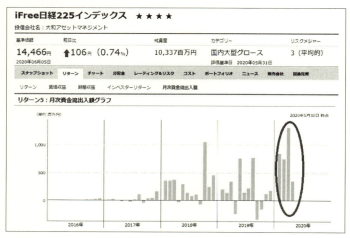

(出典：モーニングスターウェブサイト)

　ニッセイ 日経平均インデックスファンドは、次のような表でした。

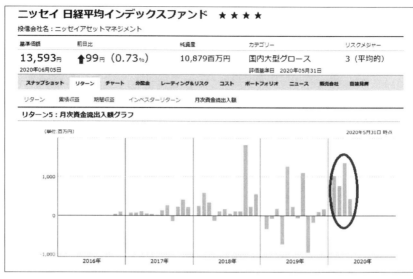

(出典：モーニングスターウェブサイト)

　どちらも、月次資金流出入額には、問題なさそうです。

(6) 株式投資信託のまとめ
　カテゴリーで国内株式に限定してスクリーニングし、項目をチェックしながら、いいものに〇、避けたいものに×を付けていくと絞り込めます。
　国内株式で1本投資信託を選んだら、同じ段取りで、先進国株式や新興国株式も選んでみましょう。

ファンドタイプのカテゴリーで、先進国株式は、国際株式・グローバル・除く日本の中から選びます。新興国株式は、国際株式・エマージング・複数国の中から選びます。

（出典：モーニングスターウェブサイト）

お役立ちポイント

　資産クラス別リターンの順位は、毎年入れ替わっています。将来、どの年にどの資産カテゴリーのパフォーマンスが良くなるかは、誰にも予測ができません。リスク分散する意味で、資産クラスを分けて、金融商品を持つことが大切です。

資産クラス別リターンの表

（図５－２－６）資産クラス別リターンの表

2014年	2015年	2016年	2017年	2018年
国内REIT 25.30%	国内株式 9.90%	コモディティ・原油 45.00%	新興国株式 32.50%	国内REIT 6.70%
国内株式 8.10%	国内債券 0.10%	ハイイールド債券 17.10%	先進国株式 22.90%	国内債券 0.10%
先進国株式 6.40%	先進国債券 -1.10%	先進国株式 8.70%	国内株式 19.70%	先進国債券 -0.90%
先進国債券 6.20%	先進国株式 -1.20%	コモディティ・金 8.60%	先進国REIT 16.50%	ハイイールド債券 -2.10%
国内債券 3.40%	ハイイールド債券 -4.50%	新興国株式 8.30%	コモディティ・金 13.70%	コモディティ・金 -2.10%
ハイイールド債券 2.50%	新興国債券 -4.70%	国内REIT 6.20%	コモディティ・原油 12.50%	先進国株式 -7.80%
新興国債券 1.50%	先進国REIT -6.40%	新興国債券 2.60%	ハイイールド債券 7.50%	先進国REIT -9.30%
先進国REIT -0.40%	国内REIT -7.90%	国内債券 2.20%	新興国債券 3.30%	新興国債券 -9.90%
コモディティ・金 -2.20%	コモディティ・金 -10.70%	先進国債券 1.00%	先進国債券 -0.70%	新興国株式 -15.80%
新興国株式 -3.30%	新興国株式 -15.30%	先進国REIT -1.70%	国内債券 -0.80%	国内株式 -17.80%
コモディティ・原油 -33.10%	コモディティ・原油 -36.30%	国内株式 -1.90%	国内REIT -10.40%	コモディティ・原油 -24.80%

出典：モーニングスター　http://www.morningstar.co.jp/　2020年5月

（出典：モーニングスターウェブサイト）

❸モーニングスターで投資信託を選んでみよう 【公社債投資信託】

　株式投資信託の中から、投資信託を選んできました。ここからは、公社債投資信託の中から、投資信託を選んでみましょう。公社債投資信託は、少しチェックする項目が株式投資信託より増えます。

（1）詳細条件でファンドを検索

　①詳細条件でファンドを検索
　まず、モーニングスターサイトで、 詳細条件でファンドを検索 をクリックします。

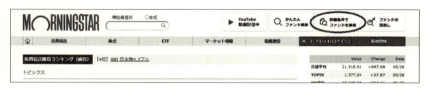

（出典：モーニングスターウェブサイト）

（2）スクリーニング画面で条件を指定
　スクリーニング画面が現れ、詳しく条件を指定して検索（詳細検索）ができるようになります。

（出典：モーニングスターウェブサイト）

前述で、資産カテゴリーについて書きました。資産クラスの分類（カテゴリー）は、以下の通りでした。公社債投資信託は、（イ）と（オ）です。

（ア）　国内株式型
（イ）　国内債券型
（ウ）　国内 REIT 型
（エ）　国際株式型
（オ）　国際債券型
（カ）　国際 REIT 型
（キ）　バランス型
（ク）　コモディティ
（ケ）　ヘッジファンド
（コ）　ブル・ベア型

（3）スクリーニング

次は、例として、国際債券型の資産クラスの中から、スクリーニングします。

■国際債券型

国際債券型といっても、国際が含む世界は広いです。モーニングスターも、投資地域を分けて検索できるようにしてくれています。

（出典：モーニングスターウェブサイト）

グローバルという言葉は、一般的に世界全体を指す言葉ですが、モーニングスターでは、カテゴリーの地域を、次のような言葉で表現しています。

　グローバルというカテゴリーに先進国（2020年12月現在で22か国）が、エマージングというカテゴリーに新興国を投資先とする投資信託が入っています。また、グローバルは、複数国又は複数地域を投資先としています。一方、例えば、北米だけを投資先とする場合は、国際株式・北米を選ぶ必要があります。

	日本	先進国(対象22か国)							新興国(ｴﾏｰｼﾞﾝｸﾞ)						
複数国・地域		グローバル							エマージング・複数国						
単一国・地域															

　1）　国際債券型投資信託の先進国資産カテゴリーを選択する

　ファンドタイプのカテゴリーで、国際債券型の中の**　国際債券・グローバル・除く日本**　を選択します。（為替ヘッジ無）と（為替ヘッジ有）があるところは、両方、選びます。複数のカテゴリーを選ぶときは、コントロールキーを押しながら選択します。

(出典：モーニングスターウェブサイト)

　その他のスクリーニングの条件も入れていきます。こちらでも、第4章より、少し詳しく説明します。メインの画面に直接入れていきます。

　次の項目にチェック ☑ します。

①カテゴリー	国際債券型・グローバル・除く日本
②ファンド種類	ETF・DC専用・SMA専用を除く全ファンドにチェックがデフォルトで入っているか、確認します。
②決算頻度	「1年ごと」を選ぶ。あまり頻繁に決算するものを選ばない。

　2）下の方にスクロールして、その他項目も条件を入れていきます。

(出典：モーニングスターウェブサイト)

その他の項目の中の

■運用年数 　3　 年以上

■償還までの時間 　30　 年以上

■純資産総額 　1000　 百万円以上

　に、それぞれ数字を入れ、年以上と、百万円以上　のところの○をクリックします。

　検索する　ボタンを押します。

（4）ファンド検索結果

　スクリーニングされた表が現れます。21件が抽出されました。

ファンド検索結果

検索結果 **21** 件が見つかりました。　　条件設定画面に戻る ➡

検索条件　［カテゴリー］国際債券・グローバル・除く日本(F) 国際債券・グローバル・除く日本(H)　［決算頻度］一年ごと　［ＤＣ（確定拠出年金）区分］［ＳＭＡ（ラップ口座）区分］　［ＥＴＦ区分］除く　［運用年数］3年以上　［償還期間］30年以上　［純資産総額］1000百万円以上

表示項目　[スナップショット ▼]　　表示順`総合レーティング／降順　標準偏差（3年）／昇順　　（※項目名▲▼をクリックすると並び替え
できます）

1-21件を表示（全21件）　　　　　　　　　　　　　　　　　　　　　　　　　前へ｜ **1** ｜次へ

チェックした投資信託を（※5つまで選択可）　比較する

ファンド名	会社名	カテゴリー	総合レーティング ▼	リターン（3年）	標準偏差（3年）▲	信託報酬等（税込）	純資産額（百万円）	比較
たわらノーロード 先進国債券＜H有＞	アセマネOne	国際債券・グローバル・除く日本 (H)	★★★★★	2.73%	3.41	0.22%	7,042	☐
三井住友・DC外国債券インデックス	三井住友DS	国際債券・グローバル・除く日本 (F)	★★★★★	2.77%	4.22	0.23%	68,255	☐
たわらノーロード 先進国債券	アセマネOne	国際債券・グローバル・除く日本 (F)	★★★★★	2.82%	4.28	0.19%	14,387	☐

（出典：モーニングスターウェブサイト）

①コスト

表示項目右側にマウスをあて、プルダウンメニューを出し、コスト を選びます。

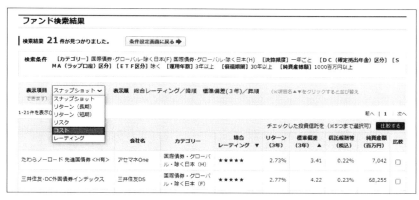

(出典:モーニングスターウェブサイト)

②信託報酬等

検索結果の画面の中の信託報酬等の欄にある▲の向きが、上下反対になっていないか見て、信託報酬等が小さい順に並んでいることを確認します。

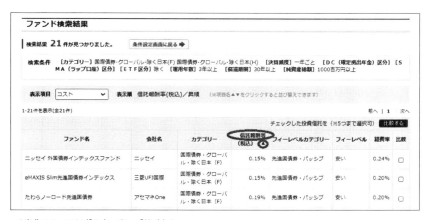

(出典:モーニングスターウェブサイト)

管理費用（信託報酬）が0.15%～0.2%、経費率も比較的低いものがあることが分かります。

③複数本を比較する

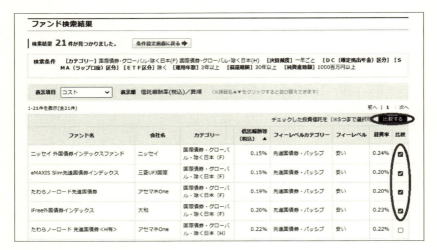

（出典：モーニングスターウェブサイト）

　選ばれているファンドはすべてパッシブと記載があり、つまりインデックスファンドということなので、継続的にかかる信託報酬はとても重要です。できるだけ低いものだけを選びます。
　一番右の比較欄に☑を入れます。

　その後、チェックした投資信託を（※5つまで選択可）
　比較する　ボタンを押してください。

（5）ファンド比較する

ファンド比較というページが現れます。

（図5－3－5－1）

ファンド名	ニッセイ 外国債券インデックスファンド	たわらノーロード先進国債券	iFree外国債券インデックス	eMAXIS Slim先進国債券インデックス
運用会社名	ニッセイ	アセマネOne	大和	三菱(UFJ)国際
カテゴリー	国際債券・グローバル・除く日本（F)	国際債券・グローバル・除く日本（F)	国際債券・グローバル・除く日本（F)	国際債券・グローバル・除く日本（F)
基準価額	11,903円	10,468円	11,696円	11,341円
純資産	13,525 百万円	14,387 百万円	1,918 百万円	10,233 百万円
ヘッジ	無	無	無	無
インデックスファンド	インデックス	インデックス	インデックス	インデックス
最低申込金額	10,000円	10,000円	10,000円	10,000円
販売手数料	0%	0%	0%	0%
信託報酬等（税込）	0.15%	0.19%	0.20%	0.15%
償還日	無期限	無期限	無期限	無期限
運用年数	6年	4年	3年	3年
経費率	0.24%	0.20%	0.23%	0.20%
売買回転率	--	--	--	--
デュレーション（債券の場合）	6.96年	7.49年	7.10年	7.10年
格付（債券の場合）	A2	--	A3	A2
トータルリターン1年	5.79%	5.77%	5.81%	5.86%
トータルリターン3年（年率）	2.81%	2.82%	2.82%	2.86%
トータルリターン5年（年率）	-0.06%	--	--	--
トータルリターン10年（年率）	--	--	--	--
シャープレシオ1年	1.90	1.90	1.90	1.93
シャープレシオ3年	0.66	0.66	0.66	0.67
シャープレシオ5年	-0.01	--	--	--

（出典：モーニングスターウェブサイト）

公社債投資信託は、株式投資信託の場合に加えて、デュレーションと格付けを確認します。

①「純資産」。

純資産は大きい方が好ましいです。最初のスクリーニングで10億円以上のものを選びました。4本のうち3本が100億円を超えています。

②コスト（経費）

コストというのは経費で、その投資信託に実際かかった経費です。経費率という欄を見てください。信託報酬もここに含まれていて、それ以外にも監査法人の監査費用などがかかっていいます。信託報酬の低い順に並べ

てこの 4 本を選んだので、経費率が低めの投資信託が選ばれています。信託報酬のみならずその他の費用を含めた経費率がしっかり載っている証券会社のウェブサイトは少ないですが、モーニングスターはできるだけ調べて載せてくれているようです。経費は、個別の投資信託の目論見書や運用報告書に開示されています。

③販売手数料

スクリーニングする際に今回は無料のものを選んだので、0%と書いてあるものばかりのはずです。

④信託報酬等

低いものをスクリーニングしたので、0.15 〜 0.2%のものが、今回は選択されました。

⑤償還日

償還まで長い方が好ましいです。長期で運用する前提なので、目標に達する前の途中で償還される予定があるものは、最初から候補から外しておきます。今回は 30 年以上でスクリーニングしたので、無制限になっているものが多いはずです。

⑥運用年数

過去の実績を参考に確認することができるので、運用年数は長い商品の方が好ましいです。

⑦トータルリターン

1 年、3 年、5 年、10 年とありますが、できるだけ長い期間で過去のトータルリターンを確認したいところです。この例の場合なら、5 本の投資信託全部で比較できる 3 年で確認します。

6 ヵ月や 1 年だと、昨年単年度の市場動向に影響されるので、そこまで参考にならないかもしれません。過去 1 年だけパフォーマンスが良かった

154

ものを比較しても、未来の10年間がどうなるかは分からないからです。
最低3年比較できる場合に、信用した方がいいでしょう。

⑧シャープレシオ

リターンだけでなく、シャープレシオも見ておきましょう。シャープレシオは、第1章に用語の説明があります。数値が大きい方が、同じリスクをとった場合、高いリターンであったことを表すため、優秀な投資信託ということができます。比較期間としては、トータルリターンと同じ考え方で、長い方が信頼できます。

⑨デュレーション

第1章の [3] 公社債投資信託で、デュレーションの説明をしました。数値が3～8に収まっているものを目安にすると良いのではと書きましたが、4本全てがこの範囲に収まっています。

⑩格付

第1章の [3] 公社債投資信託で、格付けの説明をしました。モーニングスターウェブサイトの個別ページに、「ポートフォリオに組入れられている債券の格付けの分布を示しています。原則として、運用報告書が発行された月の月次報告書のデータに基づいています。」と記載があります。

比較した4本の投資信託のうち3本は、ＡＡ若しくはＡＡＡということが分かります。一つだけ記載のない投資信託があるので、その投資信託の個別ページで確認してみます。

たわらノーロード先進国債券の個別ページで詳細情報を見てみます。商品名を選択した後、帯のメニューバーからポートフォリオという文字をクリックします。

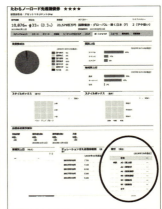

（出典：モーニングスターウェブサイト）

　ポートフォリオページの右下に、格付という項目があります。格付項目に ―（バー） が入っています。どうも、月次報告書からは情報が得られなかったようです。

　さて、（図５－３－５－１）の表に戻ります。ここから、絞っていくわけですが、例えば、純資産的には、どれを選んでも割と安全でした。経費率は、たわらノーロード先進国債券と、eMAXIS Slim 先進国債券インデックスが、0.20％で、最も低コストです。過去３年間のトータルリターンと、シャープレシオは、eMAXIS Slim 先進国債券インデックスが、他と比べて若干ですが良さそうです。ここで、運用資産の推移（資金の流入・流出）も、今一度見ておきましょう。

（6） 資産の推移（資金の流入・流出）

例えば、eMAXIS Slim 先進国債券インデックスを見てみましょう。

ファンド比較の表のタイトル行のところの、ファンド名を選択してクリックします。

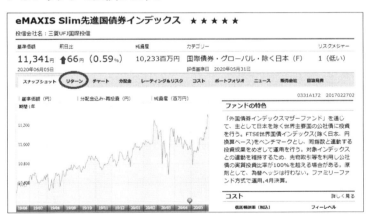

（出典：モーニングスターウェブサイト）

eMAXIS Slim 先進国債券インデックスの詳細画面が見られます。ここで、この投資信託の情報が全て見られます。帯のメニューバー中のリターンというタブを選択します。

（出典：モーニングスターウェブサイト）

月次資金流出入額という言葉を選択します。

(出典：モーニングスターウェブサイト)

　月次資金流出入額のグラフを見ることができます。縦（Y）軸のスケールにおいて、プラス（0より上）が流入で、マイナス（0より下）が流出です。そのときの経済状況にもよりますが、3ヵ月連続マイナスになっていないことを確認しておきましょう。あまりに流出が多い投資信託は避けた方が良いでしょう。

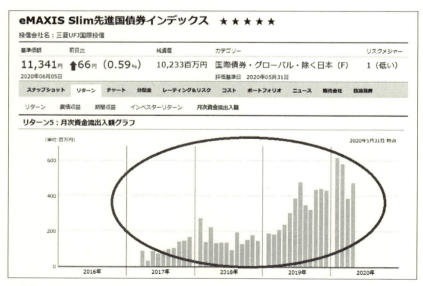

(出典：モーニングスターウェブサイト)

ずっと、流入していることが分かります。人気なのか、たくさん買われていますね。このようにして、安定している投資信託だと分かると安心できます。

公社債投資信託のまとめ

国際債券型投資信託の先進国資産カテゴリーで1本選んだら、新興国資産カテゴリーでも選んでみましょう。

(出典:モーニングスターウェブサイト)

お役立ちポイント

1．モーニングスターって何？

　モーニングスター株式会社がインターネット上で公開しているウェブサイトの名前が、モーニングスターです。モーニングスター株式会社という社名を聞いたことがあるでしょうか。

　Wikipedia（2021年1月時点）によると、「モーニングスター株式会社（英：MORINGSTAR JAPAN Inc.）は、東京都港区に本社を置き、投資信託の格付け評価を中心として、アナリスト等による世界規模の金融・経済情報の提供を機関投資家およびセミプロな個人投資家向けに手がける企業である。2008年に株式新聞社を合併し、株式新聞の刊行元となっている。」と記載があります。主に投資信託の格付け評価を見ることができるウェブサイトです。

2．格付けとは

　格付けという言葉が新聞紙面で最も使われるのは、「債券格付け、レーティング」の意味です。第三者機関によって、金融商品や企業、政府などに等級が付けられます。銀行や取引先は相手の企業にお金を貸すか、貸すときの金利はどうするか、取引をいくらまでするかなどを決めるとき、この等級評価を参考にします。格付け機関は、Moody's社やS&P社が有名です。

　モーニングスター社が格付け評価機関というと、難しく感じるかもしれませんが、モーニングスター社は、債券ではなく、投資信託の格付けをしています。投資対象となる投資信託の信用度を理解するために役立つ情報を提供しています。第三者的な立場の格付け評価機関は、非常に重要な役割を果たしています。

ミシュランによる飲食店の格付けや、ギネス世界記録による世界一のランキングなども、広義の意味で格付けの一つとして使用されています。レストランの星の数を見て、一般の人は、信用に値するかどうかの判断を日々しています。

　モーニングスター社は、投資信託の格付けや情報をインターネット上で公開する、投資家にとってはなくてはならない存在です。

3．モーニングスターサイトで投資信託を選ぶメリット

　繰り返しになりますが、投資信託は、買う人にとってのベスト商品が、それぞれの人にとって異なってくる商品です。その人の年齢や目標、家族構成により、目指すところが変わってくるからです。ですので、可能なら、購入したい投資信託を探して決めて、それを販売している金融機関を探して、購入手続きをとるというのが、理想的な段取りの姿です。

　メリットは4つ考えられます。
　①世界規模の金融・情報をプロでなくても一般の私たちが活用することができる
　モーニングスター株式会社が運営するモーニングスターのウェブサイトは、投資信託の格付け評価を中心に、世界規模の金融・経済情報の提供を、機関投資家およびセミプロな個人投資家向けに提供しています。それらの情報は、ウェブ上で一般公開されていますから、私たちのようなセミプロではない一般人でも、その情報を自由に見ることができます。

これは、非常に有益なメリットで、ものすごい数の投資信託の中から、自分の希望に合致した投資信託を無料で検索できるということ、使わない手はありません。

　②6,000本余りある、現存する投資信託から選ぶことができる
　投資信託という商品は、どんどん新しく生まれたり、終わったりしていきます。２０２１年１月末現在、一般社団法人投資信託協会より、６，０００本余りと発表されています。その6,000本余りもある投資信託一つ一つの情報や重要項目を、比較して見ることができます。
　証券会社サイトで検索する場合には、その証券会社で販売の取り扱いをしているものだけしか見ることができず、もっと少ない投資信託から選んで比較することになります。

　③営利的な情報がなく、営業されることがない
　モーニングスターは第三者機関で、投資信託の販売をする販売店とは、一線を画しています。格付け機関というのは、どこかに好意的になることもありませんし、その情報で投資信託が売れたとしても全く関係がありません。利害関係がないのが格付け機関で、だからこそ、最も信用のある情報だと確信を持つことができます。営業的な情報も一切ありません。

　④投資信託を選ぶのに必要な情報が網羅され、より細かく載っている
　本書の後半を読みながら、実際見ていただくと分かりますが、モーニングスターは、投資信託を選ぶのに必要な情報が、非常に細かく載っています。ネット証券会社のウェブサイトは、初心者の方にも分かりやすいように、シンプルに記載しているところもあるため、モーニングスターのウェブサイトの方が、たくさんの情報に触れられます。

第5章　モーニングスターサイト活用術

第6章

そもそも「バランス型ファンド」ってなに？ そのメリット・デメリットとは？

「バランス型ファンドなら分散されて色々入っていますよね。バランス型ファンドを1本持つだけでいいですか。」

　勿論、バランス型ファンドには、たくさんの魅力がありますので、その方の将来の資産目標やご希望によっては、バランス型ファンドのチョイスもいいと思っています。この章では、バランス型ファンドのメリットとデメリットをお伝えしたいと思いますが、まずは、バランス型ファンドとは何かからお伝えします。

❶バランス型ファンドとは

　バランス型ファンドとは、名前の意味としては、「バランスしているファンド、均衡・調和のとれた投資信託」。株式だけなどどこかの資産クラスに頼るのではなく、複数の資産や市場へバランスよく投資する投資信託のことです。その中身は、別々の資産クラスの金融商品で、例えば、株式と債券を組み合わせてあったり、株式と債券とリートが組み合わせてあったりします。

　バランス型ファンドの中に、複数の投資信託で運用を行う、ファンドオブファンズ形式のものもあります。ファンドオブファンズとは、複数の投資信託を組入れているファンドです。そもそも優秀な投資信託を選んで、それを複数組み合わせて投資しているものは、考え方としてとても合理的です。

　バランス型ファンドの種類として、配分比率固定型、配分比率変動型、ターゲットイヤー型、リスク一定型などがあります。
　配分比率固定型は、投資信託に入っている資産クラスの配分を固定化しているタイプです。
　配分比率変動型は、反対に、投資信託に入っている資産クラスの配分を機動的に変更するタイプです。

ターゲットイヤー型は、退職する年齢、又は資金受取開始年齢など、あらかじめ目標とする年（ターゲット・イヤー）を決め、序盤は積極的な運用を行い、ターゲットイヤーに近づくにつれて安定運用資産の割合を引き上げていき、ターゲットイヤーに達したら安定運用にしてしまうタイプです。

　リスク一定型は、事前に受け入れられるリスクを設定して、その範囲内で運用するタイプです。

「何故、バランス型ファンドがリスク分散になるのか」

　第2章投資信託の基本のキの中で、「複数本の商品を持つことでリスクヘッジする」ということを書きました。ここでいう複数本というのは、ただ何本かの投資信託を持てばいいというのではなく、異なる資産クラスの投資信託を持つということでした。異なる資産クラスというのは、例えば、株式投資信託と公社債投資信託という組み合わせ。公社債である債券が値下がりすると、反対に、株式は値上がりする傾向があるので、その二つの資産クラスの相関関係は、逆相関の関係にあると言われています。通常、ポートフォリオに、株は収益を上げるために組み込まれ、債券は流動性や安全性を保つために組み込まれます。

　また、資産クラスには、相関と逆相関以外に、非相関という関係もあります。お互いの値動きに全く作用されない、無関係な関係です。相関、逆相関のみでなく、非相関も組み合わされたものを選ぶと、そのときの経済状況によっては、下がっている資産があるときに、その損失を補完又は軽減してくれるかもしれません。それぞれの投資信託の投資方針には、資産クラスの中の、何と何が組み合わされているかが記載してあるので、確認をしてから、商品を決めます。自分が既に持っている金融資産クラスとは違うものが含まれていると、現状より、より良いリスク分散が望めます。

　そうした、異なる資産クラスの金融商品を最初から組み合わせてある投資信託が、バランス型ファンドです。良いバランス型ファンドを選べば、

良いリスク分散につながります。

「バランス型ファンドを選べば、なんでも安心なのでしょうか。」異なる資産クラスを中身に入れている投資信託なので、なんらかのリスク分散にはなります。ただ、バランス型ファンドがどのくらいのリスク分散になるのかというのは、バランス型ファンドの中身次第になります。

②バランス型ファンドのメリット

バランス型ファンドのメリットを考えてみましょう。勿論、バランス型ファンドは、複数の資産クラスが既に組み合わされているので、投資初心者にしてみると、たくさんのメリットがあります。

（1）手間がない
自分で、たくさんの金融商品を選ぶ必要がない。

（2）リスク分散効果が高い
資産クラスが異なる中で、複数の金融商品が組み込まれているので、リスク分散効果が見込まれる。

（3）少額での購入が可能
広い資産クラスの金融商品を保有できる割に、比較的少額で買える。

③バランス型ファンドのデメリット

なんでもそうですが、デメリットもあります。バランス型投資信託のデメリットは、
（1）比較的高い手数料
信託報酬が、インデックスファンドよりも、高くなる傾向があります。

ファンドオブファンズは、他の投資信託に投資をしているため、二重に
コストを払うことになったりして、どうしても割高になる場合が多いです。

（2）資産バランスが固定されているものがある

　配分比例固定型というタイプのバランス型ファンドは、資産バランスが
完全に固定されています。一定の配分比率を最初に定め、その運用方針に
沿って、運用をします。例えば、債券重視型で配分比例固定型の場合、今
のような超低金利時代であっても、国内債券が多めに組み込まれる設定に
なっていると、その比率を守って運用されます。ある一定期間、株式の運
用比率を上げた方がパフォーマンスもいいだろうという判断は一切されま
せん。

（3）柔軟性に欠ける

　一つのパッケージ商品になっているため、この資産クラスだけ異常にパ
フォーマンスが悪いので、切り分けて売ってしまいたい、反対にこの資産
クラスだけ非常に有望なので、そこだけ増やしたい、といったことに柔軟
に対応できません。
　また、新興国株式が上がってきたから、そこだけ利益確定したい、とい
うようなこともできません。

　この柔軟性に欠けるというデメリットは、資産バランスが固定されてい
ない分、機動性があるように思える「ターゲットイヤー」型の投資信託の
デメリットにもなっています。目標とする年（ターゲットイヤー）を定め、
その年に向けて、株式や債券の配分を変えてくれる投資信託がターゲット
イヤー型投資信託ですが、それがかえって足かせになったりします。この
商品は、「ターゲットイヤー○○」というように後ろに付いている数字を
退職年齢や年金受け取り開始年齢に合わせて購入すると、年数によって、
株式割合を増やしたり減らしたり、債券割合を増やしたり減らしたりして
くれる商品で、機械的にリバランスされます。このリバランスは、「低金
利時代だから今は債券に変えるべきではない」という時期でも、退職年度

168

などのターゲットイヤーが到来すれば、株式を売却し債券購入が実行されるわけです。手数料がお手軽な商品が増えているだけに、恐らく AI の活用もされていて、あまり柔軟な運用は期待できません。

メリット	手間がない リスク分散効果が高い 少額での購入が可能
デメリット	手数料が比較的高め 資産バランスが固定されているものがある 柔軟性に欠ける

まとめ

　バランス型ファンドはとても優秀ですが、それでも選択するデメリットがあること、お分かりいただけたでしょうか。

　将来の投資が長期にできる若い方や、はたまた 50、60 歳以上でもまだまだ 30 年以上長期に投資運用していける方は、バランス型ファンドのみからの選択ではなく、自分で資産配分を考えて、ポートフォリオを組むことにチャレンジしてみてもいいでしょう。第 5 章を読んで、チャレンジしてみてください。

　将来の投資できる年数がだんだん短くなってきたと感じる方や、現役世代で、あまり資産運用に時間をかけられない方もいらっしゃいます。であれば、バランス型ファンドを選ぶことも視野に入れて、手間を省くのは合理的。第 4 章のバランス型ファンドのススメを再度読んで、実行してみましょう。

　年齢に関わらず、自分に合った方法を見極めて、取り入れていくことをおすすめします。バランス型ファンドの場合、上記に書いたように、信託報酬のコストは若干高くなりがちですが、最近は 0.2% 前後のバランス型ファンドも出てきています。日々の運用は放ったらかしにしておき、1 年

に一回だけ確認するという生活もいいものです。

　バランス型ファンドには、最初に投資方針を設定すると、機械的に運用していくものがたくさんあるというようなことを書きました。人間の心理含まず、機械的に実行していった方が、結果いい成果をもたらす場合もあります。デメリットを承知したうえで、バランス型ファンドも利用していくのは、ポートフォリオ戦略の概念からも有効です。少なくとも、自分自身で何の方針もなく漫然と投資するよりは、ずっといい成績を上げてくれるものと感じることが多い日々です。

　「バランス型ファンドを1本持つだけで良いですか。」という質問には、「バランス型ファンドに依ります」というのが回答。バランス型ファンドほど、中身が大切。中身次第で、1本だけにすることもできます。

第6章

そもそも「バランス型ファンド」ってなに?・そのメリット・デメリットとは?

第7章

つみたてNISAと iDeCo（イデコ）

第7章 つみたてNISAとiDeCo（イデコ）

　ここまで色々調べ方をお伝えしてきましたが、私とお話する方の中には、「つみたてNISAとiDeCoだけ分かればいい」という方が少なくありません。「資産運用初心者だし、投資についてはよく分かっていないので、ここだけ教えて欲しい」という要望。正直初心者だからこそ、第2章と第3章の基本の内容を少しでも知ってからの方が、調べ方の理解も早いです。1つでも2つでも分かる言葉が増えてきたと思ってから、本章をお読みいただけるとより分かりやすいと思います。又は、本章を読みながら、該当章に戻るでもいいかもしれません。最初は全部理解していなくて構いません。

　本書は、つみたてNISAとiDeCoとは何か、またそのメリットやデメリットだけを説明する本でありません。制度の詳細説明なら、いくらでも本や雑誌が出回っています。ここでは、つみたてNISAとiDeCoについては最小限の説明にして、その調べ方、商品の見方、商品の選び方を中心に説明したいと思います。

❶つみたてNISA

　つみたてNISAは、2018年1月からスタートした少額からの長期・積立・分散投資を支援するための非課税制度で、国の税制優遇制度です。毎年一定額内で購入した金融商品から得られた利益が非課税になるので、税額メリットを生かせる資産運用方法です。つみたてNISAで購入できる金融商品は、インデックス型またはアクティブ型の投資信託とETFで、その商品は限られています。金融庁に定められた基準を満たし届出をされた商品のみです。大まかなその基準は

　①手数料基準　－　手数料が低水準
　投資信託商品の場合には、購入時の手数料はゼロ円であるノーロード投信で、信託報酬のパーセンテージにも上限が設けられています。信託報酬

は、インデックス投資信託、アクティブ投資信託、ETF のそれぞれで、上限のパーセンテージが決まっています。

②運用方針基準　－　分配金や信託契約期間

頻繁に分配金が支払われないものであること。分配金が毎月支払われるタイプの毎月分配型投資信託は対象外です。

信託契約期間が無期限又は長期（資産によるが例えば 20 年以上など）というルールもあります。

③資産額基準など

純資産総額の最低金額が決まっていて、資産流入や流出の基準もあります。

上記のような基準が設けられているため、長期投資向きの商品ラインナップになっています。

基準をクリアした投資信託や ETF だけでも、１６０本以上（２０２１年１月末現在）ありますので、その中でどうやって選ぶのかについては、次の項で説明します。ここでは、どんな商品があるのかを見てみましょう。

(1) 金融庁の NISA 特設サイト

金融庁のウェブページのトップ画面から、NISA 特設サイトのボタンを選択します。

https://www.fsa.go.jp/

(出典　金融庁ウェブページ https://www.fsa.go.jp/)

(2)　NISA 特設サイト 「つみたて NISA とは？」

「つみたて NISA とは？」 を選択します。

(出典　金融庁ウェブページ https://www.fsa.go.jp/policy/nisa2/index.html)

（3）つみたて NISA の対象商品

つみたて NISA のページが開き、4 つのボックスが出てきます。

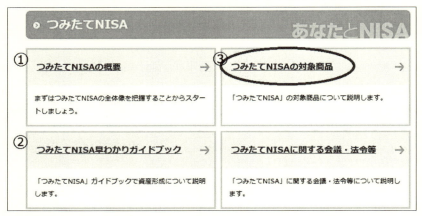

（出典　金融庁ウェブページ https://www.fsa.go.jp/policy/nisa2/about/tsumitate/index.html）

もし、あなたがつみたて NISA についてよく分かっていないということだったら、是非、
　①「つみたて NISA の概要」
　②「つみたて NISA 早わかりガイドブック」
を一度読んでみてください。

特に、①の「つみたて NISA 早わかりガイドブック」は、冊子の PDF 版で、これを読むと、つみたて NISA の概要がしっかり分かります。時間分散、投資先分散、長期投資の効果、手数料についても、記載があります。

第7章 つみたてNISAとiDeCo（イデコ）

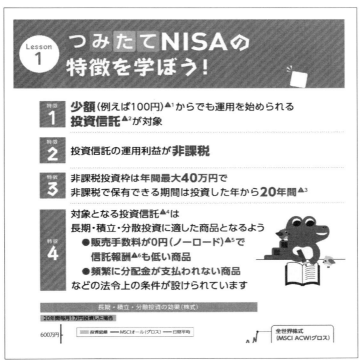

※金融庁HP「つみたてNISA早わかりガイドブック」
https://www.fsa.go.jp/policy/nisa2/about/tsumitate/guide/index.html

　つみたてNISAでどんな投資信託を買えるのかを見るときには、③の「つみたてNISAの対象商品」を選択します。

（4）つみたて NISA の対象商品

　つみたて NISA の対象商品画面に、いくつかのデータが用意されています。
「つみたて NISA 対象商品届出一覧（対象資産別）」を開くと、最新の届け出商品が見られます。その際、見るソフトを、エクセルソフトか PDF ソフトか選ぶことができます。

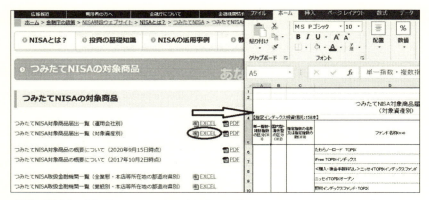

（出典　金融庁ウェブページ https://www.fsa.go.jp/policy/nisa2/about/tsumitate/target/index.html）

　自分のパソコンにエクセルソフトがインストールされていれば、EXCEL と書いてある方のリンクでエクセルファイルを選ぶと、後から並べ替えをしたり、編集をしたり、色を付けたりもできます。そもそもエクセルソフトがインストールされていない、若しくは、ただ見るだけでいいという場合には、その右横の赤い PDF というリンクを押しても構いません。

エクセルで見られる方は、次のように見られます。

（出典　金融庁ウェブページ https://www.fsa.go.jp/）

エクセルファイルに、3つのタブがあります。
指定インデックス投資信託
指定インデックス投資信託以外の投資信託（アクティブ運用投資信託）
上場株式投資信託（ETF）

PDF ファイルで見る方は、タブはありません。すべての対象商品が1つのファイルに記載されています。

つみたて NISA 対象商品はほとんどがインデックス投資信託ですが、インデックス投資信託以外、つまりアクティブ運用投資信託も1割くらいはあります。金融庁の基準を満たしている長期運用に向いた金融商品です。

（5）つみたて NISA 商品の資産クラス

　表を見ると、つみたて NISA で買える投資信託がそれぞれどの資産クラスの商品なのかが分かります。第 2 章の投資信託の基本のキで、商品名からおおよその資産クラスを類推することについて書きましたが、ここでも分かります。

			つみたてNISA対象商品届出一覧 (対象資産別)		
【指定インデックス投資信託: 156本】					
単一指数・複数指数の区分(※1)	国内型・海外型の区分(※2)	指定指数の名称又は指定指数の数(※3)	ファンド名称(※4)		運用会社
		TOPIX	たわらノーロード　TOPIX	12	アセットマネジメントOne㈱
			iFree TOPIXインデックス		大和証券投資信託委託㈱
			<購入・換金手数料なし>ニッセイTOPIXインデックスファンド		ニッセイアセットマネジメント㈱
			ニッセイTOPIXオープン		ニッセイアセットマネジメント㈱
			野村インデックスファンド・TOPIX		野村アセットマネジメント㈱
			三井住友・DCつみたてNISA・日本株インデックスファンド		三井住友DSアセットマネジメント㈱
			i-SMT TOPIXインデックス(ノーロード)		三井住友トラスト・アセットマネジメント㈱
			SMT TOPIXインデックス・オープン		三井住友トラスト・アセットマネジメント㈱
			eMAXIS Slim 国内株式(TOPIX)		三菱UFJ国際投信㈱
			eMAXIS TOPIXインデックス		三菱UFJ国際投信㈱
			つみたて日本株式(TOPIX)		三菱UFJ国際投信㈱
			Smart-i TOPIXインデックス		りそなアセットマネジメント㈱
	国内型	日経平均株価	朝日ライフ 日経平均ファンド	11	朝日ライフアセットマネジメント㈱
			たわらノーロード　日経225		アセットマネジメントOne㈱
			しんきんノーロード日経225		しんきんアセットマネジメント投信㈱
			iFree 日経225インデックス		大和証券投資信託委託㈱
			<購入・換金手数料なし>ニッセイ日経平均インデックスファンド		ニッセイアセットマネジメント㈱
			ニッセイ日経225インデックスファンド		ニッセイアセットマネジメント㈱
			農林中金<パートナーズ>つみたてNISA日本株式日経225		農林中金全共連アセットマネジメント㈱
			NZAM・ベータ 日経225		農林中金全共連アセットマネジメント㈱
単一指数 (株式型)			野村インデックスファンド・日経225		野村アセットマネジメント㈱
			野村つみたて日本株投信		野村アセットマネジメント㈱
			i-SMT 日経225インデックス(ノーロード)		三井住友トラスト・アセットマネジメント㈱

（出典　金融庁ウェブページ https://www.fsa.go.jp/）

　インデックス型投資信託なら、そのインデックスが何を指数とした投資信託なのかも分かります。例えば、表の中の上記を例にとってみますと、

株式型の国内型の TOPIX に連動したインデックス投資信託が、12 本
　株式型の国内型の日経平均株価に連動したインデックス投資信託が、見
えている部分だけで 11 本あるのが、分かります。（実際にはもっとあり
ます。）

　つみたて NISA を始めるときは、まず、自分の資産の棚卸をします。現
在持っている金融資産の中身がどの資産クラスに含まれる金融資産かを考
え、その資産との兼ね合いで、新しくつみたて NISA で投資する商品の資
産クラスを決めるというのが、オーソドックスなやり方です。異なる資産
クラスの金融商品を選ぶと、家庭内の金融ポートフォリオでリスク分散で
きます。

　まだ金融資産は預金や保険しか持っていないということでしたら、バラ
ンス型ファンドから選ぶのもいいです。ここでは、エクセルの表を下方に
スクロールして、複合指数（バランス型）という文字が見えたら、それに
当てはまります。バランス型ファンドは、指数別に記載されているので、
どこまでの資産クラスを含めるのかを選ぶことができます。指数は、2 指
数から 8 指数まで含まれているものがありますが、多い方が良いという訳
ではない場合もあります。自分自身がリスクを取れる資産だけにするとい
うのも、一考です。アクティブファンドで、株式と公社債の組み合わせ、
または株式と公社債と REIT の組み合わせを選ぶということもできます。

　どの資産クラスに投資したいかイメージが沸いてきたら、いよいよ、そ
の商品について調べます。つみたて NISA の場合は、国内株式だけか、国
際株式だけか、バランス型ファンドか、バランス型ファンドでも REIT ま
で含めるかどうかといったことを考えてみるイメージです。

2 iDeCo

（1）iDeCoとは

　iDeCo は個人型確定拠出年金で、国の確定拠出年金法に基づいて実施されている私的年金の制度です。こちらも、制度上で税制優遇措置を講じることにより、国民の資産形成を後押しする国の制度です。自分が拠出した掛け金を自分で運用し資産を形成する年金制度で、掛け金は 60 歳になるまで拠出、老齢給付金の受け取りは 60 歳以降に設定することができます。（２０２１年１月末現在）

　選べる金融商品は、ここでも長期投資向き商品に商品数が絞られていて、その点では NISA と iDeCo は同じです。商品数は iDeCo の方がぐっと少ないです。

　■ NISA と iDeCo の共通点
　　税額メリットがある

　■ NISA と iDeCo の相違点

NISA	運用で利益が出た時、利益に税金が課されない NISA口座の口座管理手数料はかからない
iDeCo	税制優遇のタイミングは3回。①掛け金を拠出する時　②運用で利益が出た時③60歳以降に運用した年金を受け取る時 iDeCo口座の開設時と、口座を維持している間の月額口座管理手数料がかかる

　まずは、iDeCo を取り扱っている金融機関（運営管理機関）の中から、どこの金融機関で iDeCo を始めるかを決める必要があります。その際選ぶポイントは以下の通りです。

iDeCoの金融機関（運営管理機関）を選ぶポイント

①手数料が安い

iDeCoへの加入手数料、口座管理手数料（月額）の2つの手数料があります。月額費がポイント。

②商品の種類・数が豊富

それぞれの金融機関ごとに本数は違いますが、おおよそ、12本〜35本くらいが主流。2017年に、各金融機関がiDeCoの運用商品数を上限35までにすることが決まったため、今までもう少し多かったところも35本までになっていきます。つまり、多くても35本までしかありませんので、自分の購入したい商品が見つかる金融機関を選びます。

③サポート体制

iDeCoで困ったことがあったときに質問できるサポートセンターを設置していたり、加入者向けに各種iDeCoセミナーを開いていたりするところもあるので、サポート体制が充実している金融機関を選ぶと安心。

金融機関のiDeCoシステムの中で取り扱われている金融商品がそれぞれ異なるので、金融機関をまず選び、そこで限られた商品を比較して自分のポートフォリオを決めていく必要があるということです。

iDeCoのための口座は、一人につき1金融機関口座に限られているので、自分に合ったところを選びましょう。

iDeCoについて、有名なサイトを2つご紹介します。

◆ iDeCo公式サイト

国民年金基金連合会の運営サイト

◆ iDeCoナビ

特定非営利活動法人　確定拠出年金教育協会の運営サイト

(2) iDeCoの概要を国民年金基金連合会のサイトで見てみる
https://www.ideco-koushiki.jp/

iDeCo公式サイトのトップ画面から、iDeCoについての情報を得てみましょう。

(出典　iDeCo公式サイト https://www.fsa.go.jp/　2020/4/1)

　メニューバーの「iDeCoってなに？」「iDeCoをはじめよう」に関しては、読んでおくことをおすすめします。
　iDeCoは、私的といえども年金制度なので、加入資格が国民年金の第1号～第3号によって、加入資格があります。
　また、「iDeCoをはじめよう」では、iDeCoをはじめるまでの5つのステップも載っています。
　インターネットの画面で見るのが苦手な方は、このサイト内で、iDeCoパンフレットやチラシも閲覧できます。印刷して、じっくり見てみてもいいでしょう。

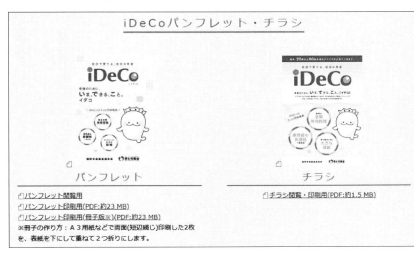

(出典：iDeCo 公式サイト https://www.ideco-koushiki.jp/movie/index.html#idecochan_add_pamphlet)

(3) iDeCoナビ（個人型確定拠出年金ナビ）サイト で見てみる
https://www.dcnenkin.jp/

　iDeCo ナビ (個人型確定拠出年金ナビ) サイトは、特定非営利活動法人確定拠出年金教育協会が運営しているサイトになります。

(出典：iDeCo ナビ　https://www.dcnenkin.jp/)

　トップページの下方部の
　個人型確定拠出年金 iDeCo とは？
　iDeCo のメリット
　加入資格かんたん診断
　法改正で私たちの iDeCo はどう変わる？
は、iDeCo についてまだよく分かっていないという方は、読んでおくといいでしょう。
　では、iDeCo が、それぞれの金融機関（運営管理機関）で、何の金融商品が買えるのかを見てみます。

（4）iDeCoで買える金融商品

　iDeCoは、NISAより、商品選択肢の範囲が狭いです。これはメリットで、だからこそ選びやすいということが言え、改正DC法で、商品提供数が上限35本までと改訂されました。150本の中から数本選ぶよりも、35本（もっと少ない金融機関もあります）の中から数本選ぶ方がシンプルだからこそ、どこで買うかを決めるのが重要です。

　既に、自分が興味あると思っている投資信託がある場合、その商品が入っているかどうかも、すぐ見つけられるかもしれません。

　①本当に使える加入者向けウェブサイト

　iDeCoナビに行くと、上の方に、「ホントに使える加入者向けWEBサイト」という囲い枠があります。その中に「▼各金融機関の結果詳細」というボタンがあります。クリックしてみましょう。

（出典：iDeCoナビ　https://www.dcnenkin.jp/）

② WEBサービスが良いと評判の運営管理機関
　NPO法人確定拠出年金協会が調べた、加入者向けの運営管理機関の評判が出てきます。

③下方にスクロールすると、以下のような表が見られます。
WEBサービスが良いと評判の運営管理機関の比較表です。

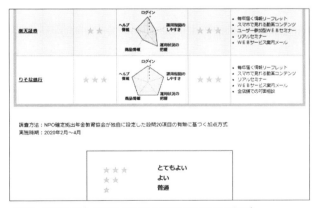

（出典 iDeCoナビ https://www.dcnenkin.jp/valuation/）

（出典 iDeCoナビ https://www.dcnenkin.jp/valuation/）

　２０２１年１月末現在では、iDeCoナビには１５の金融機関（運営管理

機関）が載っていて、調査情報と実施時期については、適宜表の下段に記載してあります。今回の例の場合には、次のように書いてあります。

　調査方法：NPO 確定拠出年金教育協会が独自に設定した設問 20 項目の有無に基づく加点方式
　実施時期：2020 年 2 月～ 4 月

　実際には、15 以上の金融機関が iDeCo の窓口になっていますが、もし今の時点で全くどこがいいか分からないという場合は、ここに記載の 15 から選んでもいいかと思います。
　iDeCo ナビに載っていない別の金融機関、例えば、お近くの金融機関がいいという場合には、iDeCo 公式サイト（https://www.ideco-koushiki.jp/operations/）の次のページにいけば色々検索できます。

　最初は、50 音順に並んでいる表ですが、赤い表のタイトル行の中の「加入者 WEB 評価」と、「加入者サポート / 継続教育サポート評価」の下の▼▲をそれぞれ押すと、並び替えることができます。

　WEB 評価で良いとされている順に並べ、「レーダーチャート」の形のいいものを選んでも良いですし、また、自分は一人ではできないから、加入者サポートがしっかりしているところが良いと思えば、そちらの欄を並べ替えて、「加入者サポート / 教育内容」の中を読んで、良さそうな所を決めても良いです。そして、それぞれの金融機関で購入できる金融商品が異なりますから、どこの金融機関で何が買えるのか、自分が気になっている金融商品があるのか、先に見て、決めることができます。

　具体的に、運営管理機関を見てみましょう。例えば、加入者 WEB 評価、レーダーチャート、加入者サポートの情報からこの表の中のイオン銀行に目をとめたとします。お友達もここだと聞いたことがあるかもしれません。その中身をちょっと見てみましょう。

社名の上「イオン銀行」の名前の上にマウスを当て、クリックしてみます。

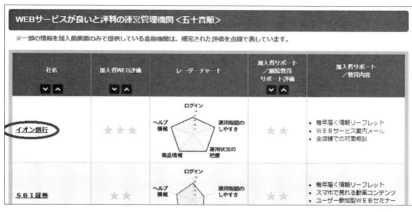

(出典　iDeCoナビ　https://www.dcnenkin.jp/valuation/)

④イオン銀行の iDeCo（個人型確定拠出年金）専用サイトで購入できる商品名や手数料体系などが見えます。

（ア）　区分
区分の列では、その金融商品が投資信託なのか、元本保証型の定期預金なのか、などということが分かります。

（イ）　投資対象
投資対象の列では、資産クラスが分かります。

（ウ）　運用手法
①パッシブ
②アクティブ
③―

の3つがあり、パッシブはインデックスファンドのことです。アクティブはアクティブファンドのこと。「―」は定期預金などなので運用は特にされないので、「－」になっています。

インデックスファンドとアクティブファンドの考え方については、第1章に書いてあります。

（エ）　運用管理費用（信託報酬）

　運用管理費用を小さい順に並べると、同じ指標インデックスファンドなら同じような動きをするので、信託報酬が小さいものの方が、良い運用を望めます。

（オ）イオン銀行の手数料体系

　加入時、運用期間中、他の機関へ移すとき（あれば）、受取時に、運用管理会社に対して手数料を支払います。その点が、NISAとは異なる点ですが、自分の年金の管理をしてもらうのですから、必要経費でしょう。サポート体制の手厚さとの兼ね合いにはなりますが、一般的に手数料が低い方が、運用効率がいいです。特に、運用期間中にかかる費用は毎月かかりますから、運用益次第ではマイナスになることがあります。そこまでのサポートが不要であれば、安いに越したことはないでしょう。

（カ）商品

　運用商品名を見てみます。パッシブカテゴリーでは、たわらノーロード系列のインデックスファンドが多いことが分かります。また、バランスファンドも、マイバランスやターゲットイヤーというキーワードが商品名についたものも選べるように、品揃えがしてあることが分かります。

　バランスファンドという言葉が分からない人は、第4章を読んでみてください。

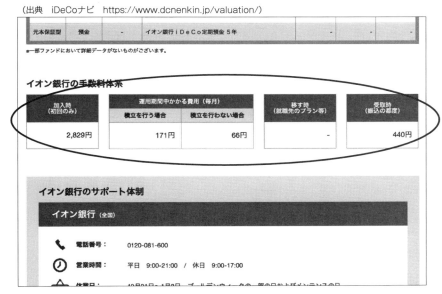

(出典 iDeCoナビ https://www.dcnenkin.jp/valuation/)

(出典 iDeCoナビ https://www.dcnenkin.jp/valuation/)

第7章 つみたてNISAとiDeCo（イデコ）

⑤他の金融機関も確認しておきましょう。

　例えば、加入 WEB 評価も、加入者サポートもこの時点の調査では良さそうな、野村證券と、りそな銀行のリンクもたどってみましょう。

（ア）　野村証券

　イオン銀行が取り扱うパッシブ（インデックスファンド）は、たわらノーロードシリーズ商品も多かったものの、こちらは野村證券の DC 専用商品も多いようです。バランス型ファンドは、こちらも多く取り扱われていますね。

　手数料は、運用期間中にかかる月額費用が、イオン銀行と比較すると少しこちらの方が高いようです。ですが、サービスの満足度が高いようなので、そことの兼ね合いで決めましょう。

商品ラインナップ：2018/09時点
信託報酬・留保額など商品情報：2020/05時点

野村證券（掛金1万円未満かつ残高100万円未満）の商品ラインナップ

区分	投資対象	運用手法	運用商品名	運用管理費用（信託報酬）	5年積立リターン
投資信託	国内株式	パッシブ	野村ＤＣ国内株式インデックスファンド・ＴＯＰＩＸ	0.15400%	6.09%
投資信託	国内株式	パッシブ	野村日経２２５インデックスファンド（確定拠出年金向け）	0.27500%	14.76%
投資信託	国内株式	アクティブ	ひふみ年金	0.83600%	-
投資信託	国内株式	アクティブ	リサーチ・アクティブ・オープン（確定拠出年金向け）	1.12200%	10.16%
投資信託	国内債券	パッシブ	野村ＤＣ国内債券インデックスファンド・ＮＯＭＵＲＡ－ＢＰＩ総合	0.13200%	1.29%
投資信託	外国株式（先進国）	パッシブ	野村ＤＣ外国株式インデックスファンド・ＭＳＣＩ－ＫＯＫＵＳＡＩ	0.15400%	14.41%
投資信託	外国株式（先進国）	アクティブ	キャピタル世界株式ファンド（ＤＣ年金用）	1.56200%	-
投資信託	外国株式（先進国）	アクティブ	フィデリティ・グローバル・エクイティ・オープンＢ（為替ヘッジなし）（確定拠出年金向け）	1.73800%	10.42%

（出典　iDeCo ナビ　https://www.dcnenkin.jp/search/product.php?mode=show&item=760）

(出典 iDeCo ナビ https://www.dcnenkin.jp/search/product.php?mode=show&item=760)

(イ) りそな銀行

次に、りそな銀行の中身を確認してみましょう。

パッシブのインデックスファンドは、Smart-i シリーズを多く取り入れているようですね。バランスファンドは、Smart-i シリーズと、りそなターゲットイヤーがそろっているようです。

手数料は野村證券と同様、イオン銀行よりも、運用期間中毎月かかる月額費用が高いようです。野村證券と同様ですが、大手ですので、サービスが手厚く親切なのかもしれません。

ここでお分かりいただけるように、手数料は、大手証券会社の運営するiDeCo よりも、ネット銀行やネット証券系 iDeCo の方が月額費が安く設定されている傾向があります。その代わり、どこもサポート体制は工夫しています。

(出典 iDeCoナビ https://www.dcnenkin.jp/search/product.php?mode=show&item=753)

(出典 iDeCo ナビ https://www.dcnenkin.jp/search/product.php?mode=show&item=753)

　さて、こうやってみてきて、例えば、どうしてもこの三社では見つからなかった、他のインデックスファンドが選びたいとしましょう。その場合は、他の運営管理機関の社名でクリックして、自分の欲しい商品をiDeCoで買えるようにしているところを、見つけてみましょう。

　あまりiDeCoに詳しくないから、シンプルに決めたいという場合には、敢えて選択肢の少ない金融機関（運営管理機関）でもいいかもしれません。

例えば、お金のデザインのように、5つの商品選択しかなく、シンプルに選べる金融機関（運営管理機関）もあります。

🖪つみたてNISAで、投資信託を選んでみよう

オンライン証券会社のサイトと、第三者機関のウェブサイトで、つみたてNISA対象商品を見てみましょう。本書では、

オンライン証券会社の例として

■SBI証券

■楽天証券

また、第三者機関のウェブサイトとして

■モーニングスター

の3つのサイトで検索してみます。ここでは、検索する資産カテゴリーは1つずつの例しか示しません。資産運用は複数の資産カテゴリーでリスク分散した方がいいのが基本ですので、複数の資産カテゴリーでそれぞれ購入する方法は、第5章を参照してください。

（1）SBI証券のウェブサイトで、チェックする
https://www.sbisec.co.jp/

①SBI証券のトップページ画面

　トップメニューバーの中の 「NISA、つみたてNISA」を選択します。SBI証券に口座を持っていなくても、見ることができます。（以下、画面はSBI証券ウェブサイトより）

（出典：SBI証券ウェブサイト）

②NISAのページ

　 つみたてNISA をクリックしてください。

（出典：SBI証券ウェブサイト）

③つみたて NISA のページ

中ほどまでスクロールダウンすると、

つみたて NISA を知る 、 つみたて NISA をはじめる 、

つみたて NISA を活用する

という 3 つのボックスが現れます。最初のボックス

つみたて NISA を知る に、つみたて NISA の詳しい内容が載っています。まだよく分かっていないという方は、全体をざっくり読むことをおすすめします。

つみたて NISA で買える金融商品については、特に、

つみたて NISA を知る の中の つみたて NISA 取扱商品 、

つみたて NISA を活用する の中の

つみたて NISA ピックアップファンド のリンクを読むことをおすすめします。資産クラスなどを理解されつつある方なら、きっと問題なく読めるはずです。

つみたて NISA 取扱商品、つみたて NISA ピックアップファンド

それぞれのリンクを選択して、一緒に中身を見てみましょう。

（図7-3-1-3-1）

（出典：SBI証券ウェブサイト）

■つみたて NISA 取扱商品

　つみたて NISA の対象となる商品の中で、SBI 証券が取り扱っている商品を見ることができます。ファンド分類、投資地域、投資対象の列で、資産クラスがお分かりいただけると思います。この表は 2021 年 1 月 18 日時点の取扱商品で、今後、変わる可能性はありますが、一般的に、ネット証券会社は、対面式の金融機関と比べて、取扱商品が多いです。

┃つみたてNISAの取扱商品

**SBI証券のつみたてNISA
商品ラインナップ**

つみたてNISAは最長で20年と長く付き合っていく商品だからこそ、数多くの中から比べて自分の投資スタイルに合った商品を選ぶことが重要です。
SBI証券は、つみたてNISAの対象となる商品を幅広くラインアップしてご提供いたします。
商品ラインアップ、投資先、インデックス/アクティブ、運用手法などからご自身こだわりの商品を選んでみませんか？
つみたてNISAでのお買付も、手数料無料で全ファンド購入いただけます。

SBI証券では、つみたてNISA対象ファンドを随時拡充してまいりますので、ご期待ください！

【SBI証券のつみたてNISA対象ファンド選定方針】
SBI証券では、投資家の皆さまの幅広い投資ニーズにお応えすべく、法令上の要件を満たし、長期投資に適しているつみたてNISA対象ファンドとして金融庁にて届出が受理されたファンドに関しては、取り扱いの手続きが整い次第、順次、幅広くラインアップとしてご提供する方針としております。

((出典：SBI 証券ウェブサイト)

■つみたてNISAピックアップファンド

　つみたてNISAピックアップファンドのページには、SBI証券が紹介する3つの視点（Part1, Part2, Part3）でNISA商品を選ぶ方法が記載されています。その一つ目、「Part1 初心者でも簡単！これ一本で簡単分散投資」として、バランス型ファンドが紹介されています。この時点では、分散投資されている6本のバランス型ファンドがピックアップされていますが、一言でバランス型ファンドといっても、分散されている資産カテゴリーがそれぞれ違うことがお分かりいただけるのではないでしょうか。

　どのような分散が自分に向いているか、検討して選ぶのに、非常に参考になるページです。

（出典：SBI証券ウェブサイト）

④ SBI 証券の 投資信託パワーサーチ から探す

つみたて NISA のページ（図 7 － 3 － 1 － 3 － 1）から投資信託パワー
サーチ画面に進んでみましょう。スクロールダウンして、
投資信託パワーサーチから探す を選択します。

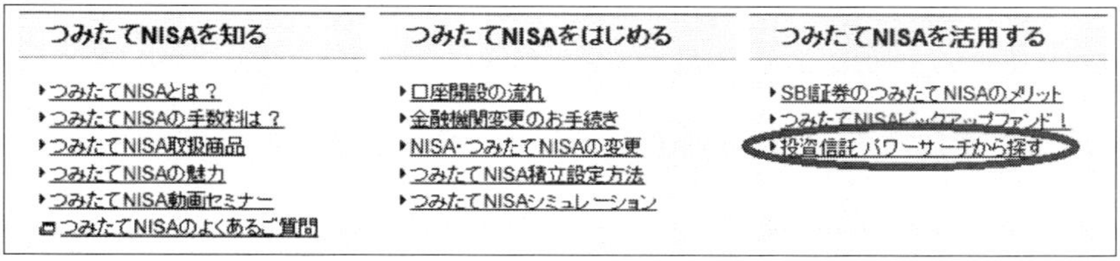

つみたてNISAを知る	つみたてNISAをはじめる	つみたてNISAを活用する
▸つみたてNISAとは？	▸口座開設の流れ	▸SBI証券のつみたてNISAのメリット
▸つみたてNISAの手数料は？	▸金融機関変更のお手続き	▸つみたてNISAピックアップファンド！
▸つみたてNISA取扱商品	▸NISA・つみたてNISAの変更	▸投資信託 パワーサーチから探す
▸つみたてNISAの魅力	▸つみたてNISA積立設定方法	
▸つみたてNISA動画セミナー	▸つみたてNISAシミュレーション	
▣つみたてNISAのよくあるご質問		

（出典：SBI 証券ウェブサイト）

⑤投資信託パワーサーチから、つみたて NISA 商品を探す

つみたて NISA にチェックが入っていることを確認します。１６２本、SBI 証券で取り扱いがあることが分かります。

(出典：SBI 証券ウェブサイト)

中略

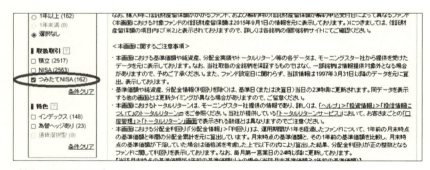

(出典：SBI 証券ウェブサイト)

⑥スクリーニング

スクリーニングは条件で商品を絞り込んでいく作業です。「詳細な条件で絞り込む」というリンクを選択します。

(出典：SBI証券ウェブサイト)

⑦つみたて NISA 商品の中身を見る

　次のような画面が浮き上がり、画面からいくつかの情報が読み取れます。SBI 証券のつみたて NISA 対象商品はこの時点で 162 本です。この検索画面の（　）の中がそこに当てはまる商品数なので、ファンド分類の中を見ると、NISA で選べる商品は、

　国内株式　、　国際株式　、　バランス型　　のみで他の資産カテゴリーは 0 本です。この 3 つ以外のカテゴリーには、(　) の中に数字がありません。

　更に、バランス（74）と書いてあることで、この時点では 162 本中の 74 本がバランス型であることが分かります。

（出典：SBI 証券ウェブサイト）

　既に持っている金融商品が国内株式だけなら、国際株式というところにチェックをしてもいいでしょう。既に持っている金融商品が国際株式だけなら、国内株式を選択します。預金と保険商品しか持っていないのであれば、国内株式と国際株式をそれぞれ一つずつ選ぶ、若しくは、バランス型ファンドを選ぶことも選択肢です。

　国際株式だけに絞って、スクリーニングしてみましょう。ファンド分類で国際株式にチェックを入れます。

(出典：SBI証券ウェブサイト)

⑧対象を絞って、更にスクリーニングする

国際株式だけに絞ると、52本になります。

つみたてNISAで金融商品を選ぶ際の基本は、「長期運用、分散、つみたて」です。

決算頻度	決算を頻繁にするものは、そのたびに分配金を払っている可能性があります。長期投資が前提なので、分配金を出さずに、複利運用をできるだけするものを選ぶ方が賢明です。決算頻度は年1回、分配金は0円を選択します。
リスクメジャー	リスクが受け入れられない方は、やや高いというものを省くとよいでしょう。今回のこの見本画像では、平均的を選んで進んでみます。

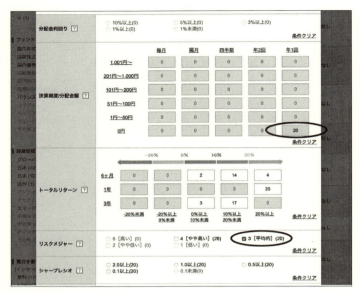

(出典:SBI証券ウェブサイト)

スクロールダウンして、下方部分の項目も入れていきます。

純資産	100億円以上☑を入れます。
基準価格	気にしなくていいので、何もいれません。
償還まで	10年以上に☑を入れます。今回は、全部その対象のようです。
運用期間	長い方が良く、3年以上は欲しいところです。

「この条件で再検索」ボタンを押します。

（出典：SBI証券ウェブサイト）

⑨スクリーニング結果が得られます。

　今回は5本が選択されました。上段の条件クリアというリンクを選択すれば、条件を外すことが可能です。下段は、スクリーニングされた投資信託です。基本情報タブを見ます。

　〇分類地域

　この列を見ると、投資対象地域が分かります。先進国ばかり選ばれているようであれば、新興国株式は、また別途、投資地域をエマージング（新興国）に絞って選びましょう。

○基準価格

投資信託を購入する際には、基準価格は気にしません。

○純資産

スクリーニングで大きなところばかり選んだので、十分な純資産額ばかり選ばれています。

○スターレイティングと販売金額ランキング

スターレイティングは参考にします。販売金額ランキングは、あまり意識しません。

○買付手数料

つみたて NISA 対象の投資信託は、買付手数料が無料のところばかりのはずです。

全体をコストの低い順に並べてみましょう。「手数料等費用」タブを選びます。

(出典：SBI証券ウェブサイト)

⑩比較したい投資信託を選ぶ

手数料の比較表が現れ3種類の手数料（買付手数料　信託報酬　信託財産留保額）が比較できます。最も気に留めたいのが毎月かかる信託報酬です。信託報酬のタイトル下の▲ボタンを押して、低い順に並べ替えます。

| 基本情報 | 手数料等費用 | 分配金情報 | 投資指標 | 運用方針 |

ページ 1   1-5件（5件中）←前へ 次へ→

ファンド名	(※1) 買付手数料			信託報酬	信託財産留保額	比較
	金額	金額(NISA)	口数			
ニッセイー＜購入・換金手数料なし＞ニッセイ外国株式インデックスファンド 積立 NISA つみたてNISA	なし	なし	なし	0.1023%以内	0%	☐
三菱UFJ国際－eMAXIS Slim 先進国株式インデックス 積立 NISA つみたてNISA	なし	なし	なし	0.1023%以内	0%	☐
三井住友DS－三井住友・DCつみたてNISA・全海外株インデックスファンド 積立 NISA つみたてNISA	なし	なし	なし	0.275%	0%	☐
三菱UFJ国際－eMAXIS NYダウインデックス 積立 NISA つみたてNISA	なし	なし	なし	0.66%以内	0%	☐
三菱UFJ国際－eMAXIS先進国株式インデックス 積立 NISA つみたてNISA	なし	なし	なし	0.66%以内	0%	☐

ページ 1   1-5件（5件中）←前へ 次へ→

（出典：SBI証券ウェブサイト）

　基本情報は先ほど確認しましたので、分配金情報、投資指標、運用方針タブも選択して、ざっと見ておきます。

　〇分配金情報
　長期投資の場合、分配金は出さずに出しても年一回のみの頻度で再投資してくれるものが望ましいですが、基本的に、つみたて NISA 対象商品は、年一回のみの商品ばかりのはずです。

　〇投資指標
　トータルリターンに目が行きがちですが、騰落率が大きいということは、リターンも大きくリスクも大きいということです。リターンだけ見て商品を選んでしまう人がいますが、その数値分マイナスになることも受け入れられるかどうかを考えて、選びます。尚、リターンを見るときは、実績期

間が短いものより長いものを見て判断します。

シャープレシオは、同じリスクをとったときに、どれだけのリターンが得られたかが分かる指標です。シャープレシオの高い数字の金融商品が好ましいので、参考にします。

〇運用方針

何が含まれている投資信託なのか、どんなインデックスに連動しているのか、一通り読んでおきます。リスクメジャーを平均的にしたので、世界の先進国か、北米に投資しているものが多く選ばれています。

⑪５本の金融商品を比較する

５本まで選んで比較できます。比較ボタンの下の□にチェックを入れます。

今回は、５本しかないのでその５本を選べば問題ありません。６本以上ある場合の選ぶコツは、現状では、信託報酬が小さい金融商品から順に並んでいますので、その中から、投資指針タブの中のシャープレシオがいい数字のもの、運用方針を読んで自分に合ったものを５つ以内で選ぶ方法があります。タイトル行の比較ボタンを押します。

| 基本情報 | 手数料等費用 | 分配金情報 | 投資指標 | 運用方針 |

ページ 1 　　　　　　　　　　　　　　　　　　　　　　　　　1-5件（5件中）　←前へ　次へ→

ファンド名	(※1) 買付手数料			信託報酬	信託財産留保額	比較
	金額	金額(NISA)	口数			
ニッセイ－＜購入・換金手数料なし＞ニッセイ外国株式インデックスファンド　積立　NISA　つみたてNISA	なし	なし	なし	0.1023%以内	0%	☑
三菱UFJ国際－eMAXIS Slim 先進国株式インデックス　積立　NISA　つみたてNISA	なし	なし	なし	0.1023%以内	0%	☑
三井住友DS－三井住友・DCつみたてNISA・全海外株インデックスファンド　積立　NISA　つみたてNISA	なし	なし	なし	0.275%	0%	☑
三菱UFJ国際－eMAXIS　NYダウインデックス　積立　NISA　つみたてNISA	なし	なし	なし	0.66%以内	0%	☑
三菱UFJ国際－eMAXIS先進国株式インデックス　積立　NISA　つみたてNISA	なし	なし	なし	0.66%以内	0%	☑

ページ 1 　　　　　　　　　　　　　　　　　　　　　　　　　1-5件（5件中）　←前へ　次へ→

（出典：SBI証券ウェブサイト）

⑫比較表

5商品の比較表が現れます。再度、チェック項目です。純資産などは、既に大きいものばかり選んだはずです。パフォーマンスタブの中身を見てみましょう。

トータルリターン	3年以上の長いスパンで比較します。
純資産増減額（3年）	今回は、対象の5本全部が、流入額が流出額より上回っているという結果のようです。

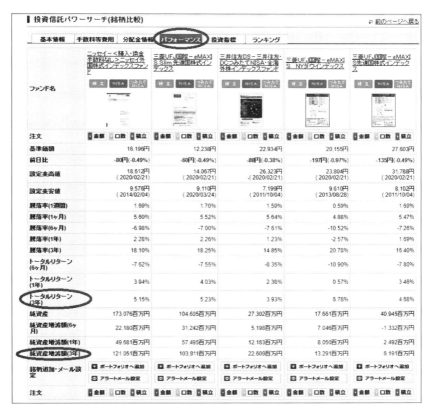

（出典：SBI証券ウェブサイト）

投資指標タブのシャープレシオも見ておきます。今回の事例の5本ですと、シャープレシオ（3年）が5本すべて揃うようなので、3年で比較します。

投資信託パワーサーチ(銘柄比較)　　前のページへ戻る

基本情報　手数料等費用　分配金情報　パフォーマンス　**投資指標**　ランキング

ファンド名	ニッセイ＜購入・換金手数料なし＞ニッセイ外国株式インデックスファンド	三菱UFJ国際－eMAXIS Slim 先進国株式インデックス	三井住友DS－三井住友DCつみたてNISA・全海外インデックスファンド	三菱UFJ国際－eMAXIS NYダウインデックス	三菱UFJ国際－eMAXIS Slim先進国株式インデックス
モーニングスターレーティング(総合)	★★★★	★★★★	★★★	★★★★	★★★
シャープレシオ(1年)	0.17	0.17	0.10	0.03	0.15
シャープレシオ(3年)	0.29	0.29	0.22	0.38	0.26
シャープレシオ(5年)	0.16	-	0.11	0.30	0.14
標準偏差(σ-シグマ)(1年)	23.17	23.17	23.27	22.58	23.15
標準偏差(σ-シグマ)(3年)	17.96	17.95	17.80	17.87	17.95
標準偏差(σ-シグマ)(5年)	18.04	-	17.87	18.43	18.08
リスクメジャー(3年)	3[平均的]	3[平均的]	3[平均的]	3[平均的]	3[平均的]
ベータ(β)(1年)	0.92	0.92	0.91	0.84	0.92
アルファ(α)(1年)	0.00	0.02	-0.04	-0.01	0.02
トラッキングエラー(TE)(1年)	0.00	0.00	0.03	0.07	0.00
インフォメーションレシオ(IR)(1年)	9.75	8.15	-1.39	-0.21	6.08

（出典：SBI証券ウェブサイト）

　ここまで色々な項目で調べたもののそれぞれの一位と二位を選んで丸を付けておき、そのうちの一番丸の数が多いものを選んでもいいと思います。甲乙つけがたい場合は、2つに半々ずつお金を投資するのでも問題ありません。

１本１本の投資信託の内容が知りたい場合には、タイトル行のファンド名のリンクを選択することで、その商品ページに行けます。

　SBI 証券口座があれば、一番下の注文欄の「積立」ボタンを押すと、目論見書画面に移動し、詳細確認をして指示通りに進むと、注文ができます。ファンド分類と投資地域を変えて、他の資産カテゴリーからも同じように投資信託を選びましょう。

(2) 楽天証券のウェブサイトで、チェックする
https://www.rakuten-sec.co.jp/

①楽天証券のウェブサイト
　楽天証券ロゴの下にいくつかメニューがあります。メニューの下の選択ボタンから、NISA・つみたて NISA を選択します。
（図 7-3-2-1）

（出典：楽天証券ウェブサイト）

② NISA のページ

3つのタブが出てきます。その真ん中の つみたて NISA タブを選択します。

（出典：楽天証券ウェブサイト）

③つみたて NISA のページ

つみたて NISA についての説明を、さらっと読んでおきます。つみたて NISA のことがよく分かっていないと思う方は、「入門講座」と「NISA 初めてガイド」が役に立ちます。

「取扱商品」というリンクが、入門講座の隣にありますが、この楽天のこのページは、2021 年 1 月末現在では資産クラスが書かれていません。商品名から、資産カテゴリーを推測することになりますが、後々ステップに沿って進むと確認することができます。まず、「取扱商品」リンクから商品を見ておきましょう。「取扱商品」を選択します。

(出典：楽天証券ウェブサイト)

■つみたて NISA 取扱商品

つみたて NISA 取扱商品ページに行くと、ファンド名が並んでいます。

資産クラスを商品名からおおよそ類推する方法は、第 2 章に書いてあります。

(出典：楽天証券ウェブサイト)

さて、次のステップで、投信スーパーサーチで、選んでみましょう。「投信スーパーサーチ」という言葉の上で、クリックします。

④ 楽天証券の　投信スーパーサーチ　から探す

投信スーパーサーチのページに飛びました。この時点で、2,698件(本)の投資信託があることが分かります。つみたてNISA商品だけにするため、左側バーの取引種別で「つみたてNISA」欄の□にチェックを入れます。この時点で、172本の対象商品が、楽天証券にあることが分かります。

（出典：楽天証券ウェブサイト）

⑤投信スーパーサーチから、つみたてNISA商品を探す

172件になりました。楽天証券で購入できるつみたてNISA対象商品が並んでいることになります。

(出典：楽天証券ウェブサイト)

⑥対象を絞る

資産タイプを見てみます。つみたてNISAで選べる商品は、株式か資産複合(バランス)のみであることが分かります。そのうち81本が資産複合(バランス)だということが(　)内の数字で分かります。

投資対象地域で、地域が絞れます。

（出典：楽天証券ウェブサイト）

　既に持っている金融商品が、国内株式だけなら、資産タイプと投資対象地域の組み合わせを(株式×グローバル)にしてもいいでしょう。既に持っている金融商品が、国際株式だけなら、(株式×日本)の組み合わせを選択してもいいかもしれません。預金と保険証券しか持っていないのであれば、(株式×グローバル)と(株式×日本)をそれぞれ持ってもいいですし、バランス型ファンドを選ぶことも選択肢です。

　ここでは、国内株式だけに絞って、スクリーニングをする方法をやってみましょう。資産タイプは株式、投資対象地域は日本を選択します。

⑦対象を絞って、更にスクリーニングする

国内株式だけに絞った状態でその他条件を入れていくと、36本に絞られます。

左側サイドバーをスクロールダウンして「詳しい条件を表示する」をクリックすると、選べる条件が増えます。「決算頻度」と「運用期間」にも条件を入れます。

決算頻度	「年2回以下」を ☑ します。 長期投資が前提なので、分配金を頻繁に出さずに、複利運用をできるだけするものを選ぶ方が賢明です。
運用期間	□3年以上〜5年未満 □5年以上〜10年未満 □10年以上〜20年未満 □20年以上 上記、すべてを ☑ します。

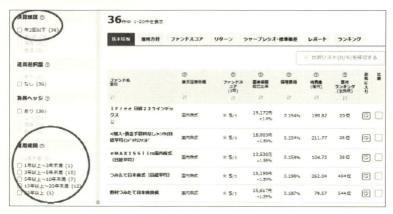

(出典:楽天証券ウェブサイト)

⑧比較するものを選ぶ

今回の見本画面では、35件がスクリーニングされました。

基本情報タブで、おおよその内容が見られます。管理費用があることを確認します。管理費用の↓を押して、小さい順に並べます。

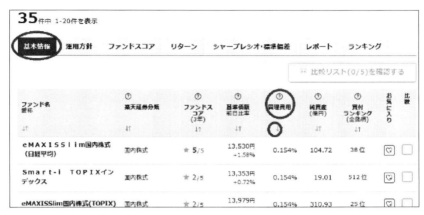

(出典：楽天証券ウェブサイト)

基本情報、シャープレシオ・標準偏差、レポートのタブを確認しておきましょう。ランキングはあまり意識しません。

(ア) 基本情報

基準価額は気にせず、純資産に注目します。純資産は大きなものの方が望ましく、100億円以上のもので選択できるなら、ここでチェックしておきましょう。

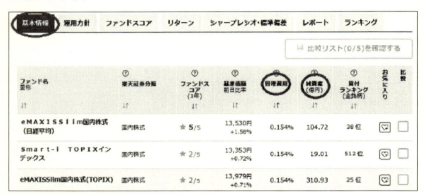

(出典：楽天証券ウェブサイト)

(イ) シャープレシオ・標準偏差

シャープレシオは、高い方が同じリスクレベルに対してより効率の良い成績を残しているということなので、より好ましい商品です。

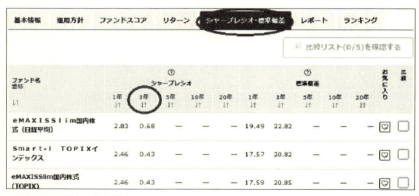

(出典：楽天証券ウェブサイト)

（ウ）レポートタブ

目論見書がダウンロードできます。

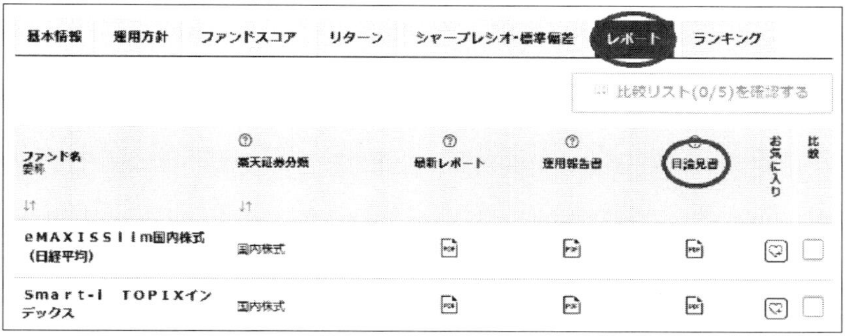

（出典：楽天証券ウェブサイト）

　ランキングは、さほど意識する必要はありません。ランキングタブ内に、買付ランキングやよく見られているランキングなどの記載がありますが、投資信託の人気度は、必ずしもそのファンドの実力を反映していない場合があります。

　最初に管理費用（信託報酬）の低い順に並べましたので、上位商品の中から、費用以外の項目で気になる投資信託を5本以内で選び、それぞれの投資信託の右側にあるチェックボックスにチェックを入れます。

　比較リストを確認する　ボタンを押してください。

基本情報	運用方針	ファンドスコア	リターン	シャープレシオ・標準偏差	レポート	ランキング

比較リスト(5/5)を確認する

ファンド名 会社	楽天証券分類	ファンドスコア(3年)	基準価額 前日比率	管理費用	純資産 (億円)	買付ランキング(全銘柄)	お気に入り	比較
eMAXISSlim国内株式(日経平均)	国内株式	★ 5/5	13,530円 +1.58%	0.154%	104.72	38位	♡	✓
Smart-i TOPIXインデックス	国内株式	★ 2/5	13,353円 +0.72%	0.154%	19.01	512位	♡	☐
eMAXISSlim国内株式(TOPIX)	国内株式	★ 2/5	13,979円 +0.71%	0.154%	310.93	25位	♡	✓
<購入・換金手数料なし>ニッセイ日経平均インデックスファンド	国内株式	★ 5/5	18,003円 +1.59%	0.154%	211.77	35位	♡	✓
iFree TOPIXインデックス	国内株式	★ 2/5	16,185円 +0.71%	0.154%	41.84	308位	♡	☐
iFree 日経225インデックス	国内株式	★ 5/5	19,172円 +1.6%	0.154%	190.82	20位	♡	✓
<購入・換金手数料なし>ニッセイTOPIXインデックスファンド	国内株式	★ 2/5	13,737円 +0.73%	0.154%	391.21	19位	♡	✓

(出典：楽天証券ウェブサイト)

⑨５本の商品を比較する

　５本の商品がチャートと表で比較されて並びます。チャートの折れ線グラフは、視覚的にとらえることができてとても分かりやすいです。日本の株式市場に連動した折れ線は全体的に似たような動きで、日経225に連動するものとTOPIXに連動するものとで、それぞれ多少上下の激しさが異なります。

　下方の表も見てみましょう。ランキング(買付、値上がり率)はあまり意識せず、他の項目で確認します。

再度、以下項目を確認します。

純資産	大きいものを選択します。
信託報酬	小さいものを選択します。
リターン	できるだけ長い年数で比較した方がいいです。今回は全5本の情報が得られる3年の欄で比較します。
シャープレシオ	できるだけ長い年数で比較した方がいいです。リターンと同様に、3年の欄で比較します。リターンのみでなく、シャープレシオを一緒に確認しておくと良いです。

それぞれの一位と二位を選んで丸を付けておき、一番丸の数が多いものを選ぶのもいいでしょう。甲乙つけがたい場合は、2本に半々ずつお金を投資しても良いです。

ファンド名を押すと、その投資信託の詳細内容が見られます。途中いくつかある注文欄の「注文」ボタンを押すと、口座をお持ちであれば、目論見書画面に移動し、詳細確認ができます。「積立」ボタンを押すと、積み立ての指定が選択式にできます。

指示通りに進むと、注文ができます。

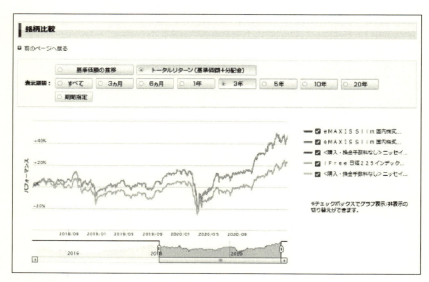

(出典:楽天証券ウェブサイト)

中省略

(出典:楽天証券ウェブサイト)

(3) モーニングスターで、チェックする
https://www.morningstar.co.jp/

①モーニングスターのウェブページ

モーニングスターサイトのトップページで、一番下のヘッダーにある「はじめての方へ」列の「つみたてNISA総合ガイド」をクリックします。

中省略

(出典:モーニングスター　https://www.morningstar.co.jp/)

②つみたて NISA　総合ガイド
つみたて NISA についての情報を得ておきます。

(出典：モーニングスター　http://nisa.morningstar.co.jp/)

　つみたて NISA 総合ガイドは全般的に読むといいのですが、特にこの画像に〇のついた2つの項目を見てみましょう。

　■節税シミュレーション
　「つみたて NISA　節税シミュレーション」を選択してクリックします。自分の年齢と毎月の積立額を入れるだけで、投資額に対する運用益や、運用益が非課税になることで得られる非課税額が計算されて、シミュレーション結果が得られます。何十万円、年齢によっては百万円単位で違うことも可能性としてあり、やはり非課税メリットは生かすべきだと感じられるのではないでしょうか。

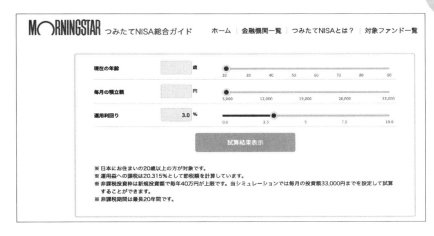

(出典：モーニングスター　http://nisa.morningstar.co.jp/simulation/)

③対象ファンド

つみたてNISA総合ガイドのページから、「つみたてNISA対象ファンド一覧」のボタンをクリックします。つみたてNISA対象ファンド一覧ページにいきます。左側のサイドメニューに、インデックスとアクティブとETFの3つのタブがあり、切り替えて検索できるようになっています。いくつかやり方を見てみましょう。

(出典：モーニングスター　http://nisa.morningstar.co.jp/fund_list.html)

④日経225に連動したインデックスファンド

　国内株式の日経225に連動したインデックスファンドを選びたいと仮定します。インデックス　と書いてあるタブの下で、以下の項目にチェックを入れます。

単一指数/総合指数	単一指数（株式型）に☑
国内型/海外型	国内型に☑
指定指数名称	日経平均株価に☑

　信託報酬等（税込）のところで、▲を選び、小さい順に並べ替えます。「5つまで選択可」のところで、5本選び、比較ボタンを押します。

（出典：モーニングスター　http://nisa.morningstar.co.jp/fund_list.html）

５本の投資信託が比較できます。第５章で紹介した方法、モーニング
スターの詳細条件でファンドを検索することでもできますが、つみたて
NISAを調べるだけなら、この方法が簡単です。

| 投資信託ホーム | ファンドを探す | ファンドランキング | 各種データ | アナリストの視点 | ニュース | はじめての方 |

トータルリターン等評価情報は 2021年07月31日 現在

ファンド名	たわらノーロード日経225	iFree日経225インデックス	ニッセイ 日経平均インデックスファンド	eMAXIS Slim国内株式(日経平均)	NZAM・ベータ 日経225
運用会社名	アセマネOne	大和	ニッセイ	三菱UFJ国際	農中全共連
カテゴリー	国内大型グロース	国内大型グロース	国内大型グロース	国内大型グロース	国内大型グロース
基準価額	15,446円	17,814円	16,726円	12,571円	11,941円
純資産	47,228 百万円	23,387 百万円	25,453 百万円	14,675 百万円	61 百万円
ヘッジ	無	無	無	無	無
インデックスファンド	インデックス	インデックス	インデックス	インデックス	インデックス
最低申込金額	10,000円	10,000円	10,000円	10,000円	10,000円
販売手数料	0%	0%	0%	0%	0%
信託報酬等(税込)	0.19%	0.15%	0.15%	0.15%	0.18%
償還日	無期限	無期限	無期限	無期限	無期限
運用年数	5年	4年	4年	3年	1年
経費率	0.19%	0.17%	0.16%	0.15%	--
売買回転率	--	--	--	--	--
デュレーション（債券の場合)	--	--	--	--	--
格付(債券の場合)	--	--	--	--	--
トータルリターン1年	27.31%	27.51%	27.41%	27.37%	27.43%
トータルリターン3年(年率)	8.41%	8.54%	8.48%	8.49%	--
トータルリターン5年(年率)	12.32%	--	--	--	--
トータルリターン10年(年率)	--	--	--	--	--
シャープレシオ1年	1.55	1.55	1.55	1.55	1.54
シャープレシオ3年	0.44	0.45	0.45	0.45	--

（出典：モーニングスター　http://nisa.morningstar.co.jp/fund_list.html）

　ここからは、前項で説明した　①コスト、②リターン＆リスク、③シャー
プレシオ、④運用資産の大きさと推移などを参考にしながら、選んでみま
しょう。

⑤アクティブファンド

　つみたて NISA の基準を満たしたアクティブファンドなら、リスクがそんなに高くない投資信託があるかもしれません。見てみましょう。

　アクティブのタブをクリックしてみます。つみたて NISA の基準を満たしている投資信託は、この時点で、18本しかありません。信託報酬が低くて、総資産残高も大きいというアクティブファンドは少なめです。よく商品名を聞く投資信託もここに入っているのではないでしょうか。信託報酬が最安のものばかりで選ぶ、またそもそもインデックスファンドだけで絞っていると、この辺りの金融商品がそもそもはじかれてしまい、残念に思っている人ももしかしたらいらっしゃるかもしれません。

　アクティブファンドの考え方については、第一章に書いてあります。信託報酬は、インデックスファンドより少し高めの設定のものが多いですが、アクティブファンドの場合は、トータルリターンと信託報酬との兼ね合いです。シャープレシオも参考にするといいと思います。シャープレシオについては、第一章に書いてあり、リスクに対してどれだけのリターンを得ることができたかの指標なので、より高いシャープレシオの投資信託が優秀です。

※2021年5月末現在

順位	ファンド名 ※()内は運用会社名	国内型/海外型	対象資産	総資産残高(百万円)	トータルリターン 5年・年率 ※()内はカテゴリ平均との差	シャープレシオ 5年・年率 ※()内はカテゴリ平均との差	信託報酬率(税込)	比較
1	フィデリティ・米国優良株・ファンド (フィデリティ)	海外型	株式およびREIT	43,341	17.52% (+2.97%)	1.08 (+0.15)	1.64%	
2	セゾン 資産形成の達人ファンド (セゾン)	海外型	株式および公社債	162,563	17.51% (+4.59%)	1.08 (+0.28)	1.35%	
3	セゾン バンガード・グローバルバランスF (セゾン)	海外型	株式および公社債	271,256	9.73% (+1.33%)	1.05 (+0.02)	0.57%	
4	フィデリティ・欧州株・ファンド (フィデリティ)	海外型	株式	29,346	16.94% (+4.13%)	1.02 (+0.24)	1.65%	
5	コモンズ30ファンド (コモンズ)	海外型	株式	28,317	14.98% (+1.31%)	1.00 (+0.11)	1.08%	
6	世界経済インデックスF (三井住友TAM)	国内型	株式	102,454	9.64% (-0.51%)	1.00 (-0.07)	0.55%	
7	eMAXIS NYダウインデックス (三菱UFJ国際)	海外型	株式	23,872	17.31% (+8.08%)	0.99 (+0.47)	0.66%	
8	ひふみプラス (レオス)	国内型	株式	472,685	14.51% (+4.77%)	0.97 (+0.35)	1.08%	
9	ひふみ投信 (レオス)	国内型	株式	150,926	14.45% (+4.61%)	0.96 (+0.34)	1.08%	
10	大和住銀 DC国内株式ファンド (大和住銀)	国内型	株式	22,107	13.40% (+1.62%)	0.92 (+0.09)	1.05%	
11	年金積立Jグロース (日興)	国内型	株式および公社債	43,254	14.02% (+1.67%)	0.89 (+0.14)	0.90%	
12	のむラップ・ファンド(積極型) (野村)	海外型	株式、公社債およびREIT	51,582	10.66% (+0.72%)	0.89 (+0.06)	1.52%	
13	ブラックロック・インデックス投資戦略ファンド (ブラックロック)	内外型	株式、公社債およびREIT	12,687	6.93% (+8.08%)	0.83 (+0.47)	0.91%	
14	結い2101 (鎌倉)	国内型	株式および公社債	48,734	6.90% (-5.81%)	0.79 (-0.01)	1.10%	
15	ハッピーエイジング40 (SOMPO)	国内型	株式	20,044	6.26% (+0.96%)	0.77 (+0.04)	1.32%	

インデックス　アクティブ　ETF

1.から順にチェックを入れると
ファンドの絞り込みができます

1. 国内型/海外型
□国内型 (7)
□海外型 (11)

2. 対象資産
□株式 (9)
□株式および公社債 (7)
□株式およびREIT (1)
□株式、公社債およびREIT (2)

（出典：モーニングスター　http://nisa.morningstar.co.jp/fund_list.html)

国内型のアクティブファンドがいいか、海外型のアクティブファンドが
いいか決めて、スクリーニングしてみましょう。例えば、国内型のアクティ
ブファンドから1本、海外型のアクティブファンドから1本、インデッ
クスファンドから1本というように、ポートフォリオを組むこともできま
す。

　　ア）　　国内型のアクティブファンド

（出典：モーニングスター　http://nisa.morningstar.co.jp/fund_list.html）

　5本のアクティブファンドが比較できます。第5章で紹介した、モーニ
ングスターのウェブサイト「詳細条件でファンドを検索」画面からもでき
ますが、つみたてNISAを調べるだけなら、この方法が簡単です。

ファンド名	年金積立Jグロース	ひふみ投信	世界経済インデックスF	結い2101	ひふみプラス
運用会社名	日興	レオス	三井住友TAM	鎌倉	レオス
カテゴリー	国内大型グロース	国内中型グロース	バランス	国内小型グロース	国内中型グロース
基準価額	26,125円	51,140円	22,895円	19,182円	41,838円
純資産	29,578 百万円	126,517 百万円	68,918 百万円	41,997 百万円	527,691 百万円
ヘッジ	無	無	無	無	無
インデックスファンド	インデックス以外	インデックス以外	インデックス以外	インデックス以外	インデックス以外
最低申込金額	1円	10,000円	10,000円	10,000円	10,000円
販売手数料	2.2%	0%	3.3%	0%	3.3%
信託報酬等(税込)	0.90%	1.08%	0.55%	1.10%	1.08%
償還日	無期限	無期限	無期限	無期限	無期限
運用年数	18年	11年	11年	10年	8年
経費率	0.96%	1.15%	0.62%	1.15%	1.15%
売買回転率	--	--	--	--	--
デュレーション(債券の場合)	--	--	--	--	--
格付(債券の場合)	--	--	--	--	--
トータルリターン1年	10.64%	11.27%	2.41%	6.30%	11.49%
トータルリターン3年(年率)	6.00%	5.73%	2.18%	3.29%	5.89%
トータルリターン5年(年率)	4.67%	8.95%	0.32%	3.15%	9.09%
トータルリターン10年(年率)	11.06%	15.46%	6.02%	7.07%	
シャープレシオ1年	0.50	0.62	0.17	0.50	0.63
シャープレシオ3年	0.34	0.33	0.20	0.33	0.34
シャープレシオ5年	0.28	0.55	0.03	0.33	0.56
シャープレシオ10年	0.64	1.00	0.50	0.77	--
標準偏差1年	21.51	18.27	14.00	12.64	18.27
標準偏差3年	17.57	17.15	10.76	10.06	17.13
標準偏差5年	16.85	16.39	11.17	9.39	16.37
標準偏差10年	17.19	15.50	11.97	9.10	--

(出典：モーニングスター　http://nisa.morningstar.co.jp/fund_list.html)

　ここからは、前項で説明した　①コスト、②リターン＆リスク、③シャープレシオ、④運用資産の大きさと推移などを参考にしながら選べます。アクティブファンドは、コストを差し引いてもリターンが出ているか確認します。また、そのアクティブファンドが何に投資しているかも重要です。カテゴリーというところでおおよそ分かります。どのような方針で運用されているのかも読んでおきたいところです。それぞれのファンド名をクリックすると、詳細画面で読むことができます。

イ）　海外型のアクティブファンド

偶にインデックスファンドが混じっていることもあるので、確認しながら、シャープレシオなどを参考に選びます。

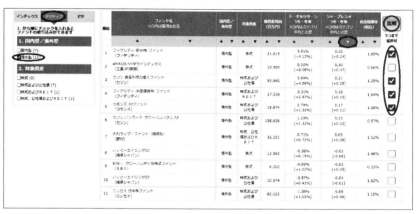

（出典：モーニングスター　http://nisa.morningstar.co.jp/fund_list.html）

4本の投資信託の比較表ができます。前項で紹介した方法、モーニングスターの詳細条件でファンドを検索でもできますが、つみたてNISAを調べるだけなら、この方法が簡単です。

ファンド名	フィデリティ・欧州株・ファンド	フィデリティ・米国優良株・ファンド	セゾン 資産形成の達人ファンド	コモンズ 30ファンド
運用会社名	フィデリティ	フィデリティ	セゾン	コモンズ
カテゴリー	国際株式・欧州 (F)	国際株式・北米 (F)	国際株式・グローバル・含む日本 (F)	国内大型グロース
基準価額	31,830円	23,775円	22,106円	28,253円
純資産	21,872 百万円	27,085 百万円	97,706 百万円	19,288 百万円
ヘッジ	無	無	無	無
インデックスファンド	インデックス以外	インデックス以外	インデックス以外	インデックス以外
最低申込金額	10,000円	10,000円	5,000円	10,000円
販売手数料	3.3%	3.3%	0%	3.3%
信託報酬等(税込)	1.65%	1.64%	1.35%	1.08%
償還日	無期限	無期限	無期限	無期限
運用年数	22年	22年	13年	11年
経費率	1.84%	1.72%	0.57%	1.20%
売買回転率	--	--	--	--
デュレーション (債券の場合)	--	--	--	--
格付(債券の場合)	--	--	--	--
トータルリターン1年	11.50%	10.06%	4.57%	9.59%
トータルリターン3年(年率)	8.68%	7.16%	4.65%	3.16%
トータルリターン5年(年率)	5.91%	3.31%	3.89%	2.79%
トータルリターン10年(年率)	11.55%	12.01%	12.16%	8.84%
シャープレシオ1年	0.51	0.45	0.20	0.53
シャープレシオ3年	0.48	0.40	0.25	0.19
シャープレシオ5年	0.32	0.18	0.21	0.17
シャープレシオ10年	0.56	0.65	0.72	0.57
標準偏差1年	22.64	22.25	23.29	18.23
標準偏差3年	18.22	18.03	18.38	16.41
標準偏差5年	18.22	18.52	18.11	16.75
標準偏差10年	20.66	18.35	16.85	15.42

（出典：モーニングスター　http://www.morningstar.co.jp/FundData/FundRankingCompare.do）

　ここからは、前項で説明した　①コスト、②リターン＆リスク、③シャープレシオ、④運用資産の大きさと推移などを参考にしながら選べます。アクティブファンドは、コストを差し引いてもリターンが出ているか確認します。また、そのアクティブファンドが何に投資しているかも重要です。カテゴリーというところでおおよそ分かります。どのような方針で運用されているのかも読んでおきたいところです。それぞれのファンド名をクリックすると、詳細画面で読むことができます。

　具体的に見てみましょう。チェック項目は、以下の通りです。それぞれの一位と二位を選んで丸を付けておき、そのうちの一番丸の数が多いものを選んでもいいでしょう。甲乙つけがたい場合は、２つに半々ずつお金を投資しても良いのです。

カテゴリー	欧州、北米、グローバル・日本含む、国内大型グロース（※コモンズ30ファンドは国内大型グロースと記載がありますが、ファンドの中身を見に行くと国内外に上場する株式と記載があります）見事に全部違います。自分の他の資産との絡みで検討します。
純資産	今回は、純資産額の多いものを絞り込んだわけではないので、大きいものに〇をつけておきます。10億円以上、できれば100億円以上のものが良いです。
信託報酬	低いものを選んでいますが、最も低いものに2つなど丸をつけておきます。
償還日	無期限若しくは10年以上の長いもの
運用年数	長いものの方がいいですが、元々つみたてNISAに選ばれている商品なので、参考程度にしておきます。
経費率	モーニングスターのいいところは、実質経費率も分かるものは記載されているところです。併せて、参考にすると良いです。信託報酬が同じでも、経費率で差が出ている場合があります。
トータルリターン	長い年数の記録があるもので確認した方が良く、5年や10年でデータが揃えば理想です。全部データが揃う年数のところで確認しますが、今回のこの見本例では、10年分で確認できます。
シャープレシオ	トータルリターン同様の年数で比較します。数字が大きい方が同じリスクでもいいリターンだったということが分かります。

　選んだ４本から、１本か２本を選択し、それ以外のチェックボックスは外しておきます。

　モーニングスターは、金融商品の販売会社ではなく第三者機関なので、このページから直接投資信託の注文はできず、自分が選んだ投資信託を、証券会社のウェブサイトで選んで注文する必要があります。そこだけ少し手間ですが、第三者機関の中立な情報から選ぶことができるのが、最大のメリットです。

❹iDeCo（イデコ）で、投資信託を選んでみよう

　本章の前項【2】iDeCo の中で、iDeCo（イデコ）に加入するときの、金融機関（運営管理機関）を選ぶポイントを説明しました。ここでは、実際に、iDeCo（イデコ）の中で、どのように投資信託を選んだらいいかを紹介します。

（1）iDeCoで投資信託を選ぶ

　自分が iDeCo を始めることを決意したとしましょう。どこの金融機関（運営管理機関）で iDeCo を開始するかも、決めました。まだ、もし決めてないという方がいたら、本章の前項【2】iDeCo を参考にしてみてください。

　例えば、イオン銀行で iDeCo を始めることにしたとしましょう。iDeCo を始める金融機関が決まれば、まず、その金融機関に資料請求をします。資料自体は、すぐ届くところが多いと思います。ただ、その資料を記入し終えて書類を郵送した後、書類チェックや審査が金融機関だけではなく国民年金基金連合会による加入審査などもあり、先方から書類が戻ってくるまでに 1 か月～ 2 か月半程度かかります。

　審査が通ると、口座開設のお知らせやパスワード設定のお知らせが届きます。届いたら、それを自分のパソコンやスマートフォンから設定をして、iDeCo 専用のウェブページを見ることができるようにします。それぞれの金融機関（運営管理機関）で見え方は異なりますが、そこで購入できる金融商品が明示してあります。

　では、1 か月～ 2 か月半程度しないと、iDeCo の商品選定はできないのでしょうか。

（2）それぞれの金融機関のウェブサイト

　それぞれの金融機関は、iDeCo のページを設けていることが多いです。口座開設前から自分が申し込んだ先のウェブサイトを見てみましょう。インターネットの検索で、「金融機関名　iDeCo」と入力して検索してもい

242

いですし、その金融機関のトップページのメニューから iDeCo のページカテゴリーを探してもいいでしょう。

以下に、いくつかの金融機関のページを載せておきます。

①イオン銀行
イオン銀行の iDeCo 専用ページです。
https://www.aeonbank.co.jp/ideco/invest/lineup/

イオン銀行＞ iDeCo ＞ 商品ラインナップ

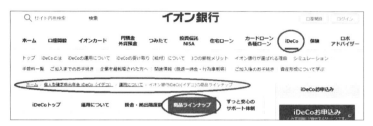

（出典：イオン銀行　https://www.aeonbank.co.jp/）

②みずほ銀行
みずほ銀行の iDeCo 専用ページです。
https://www.mizuhobank.co.jp/retail/products/ideco/kanyu/operation.html

（出典：みずほ銀行　https://www.mizuhobank.co.jp/retail/products/ideco/kanyu/operation.html）

③マネックス証券

マネックス証券の iDeCo 専用ページです。

https://mst.monex.co.jp/mst/servlet/ITS/ideco/IDecoBrandList

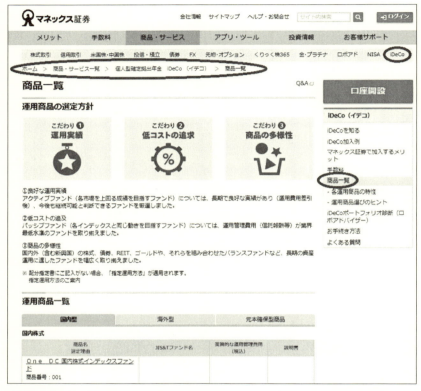

(出典：マネックス証券　https://mst.monex.co.jp/mst/servlet/ITS/ideco/IDecoBrandList)

④楽天証券

楽天証券のiDeCo専用ページです。

https://dc.rakuten-sec.co.jp/service/product/

（出典：楽天証券iDeCo専用ページ　https://dc.rakuten-sec.co.jp/service/product/）

（3）SBI証券のiDeCoで、投資信託を選ぶ

SBI証券は、商品比較なども簡単にできるので、やってみましょう。

① iDeCo確定拠出年金

SBI証券のトップ画面から、iDeCo確定拠出年金のメニューを選択します。

（出典：SBI証券　https://www.sbisec.co.jp/）

② iDeCo対象の取扱商品

SBI証券のiDeCo確定拠出年金で取り扱われている商品のページに行きます。

青いタイトルバーの下に、iDeCo関連のサブメニューが現れるので、「運

用商品一覧」の文字をクリックします。

（出典：SBI証券　https://site0.sbisec.co.jp/marble/dc/top.do?）

③運用商品一覧

　検索結果の一覧表が現れます。SBI証券の商品の中で、iDeCo対象の商品のみがピックアップされています。

　SBI証券の中には、2020年12月までは、2005年のiDeCoサービス提供開始時から提供している「オリジナルプラン」と低コストとバラエティにこだわって選定した「セレクトプラン」の2種類のプランがありました。2021年1月以降、新規で申込をされる方はセレクトプランを選択するようになります。

④セレクトプラン

　２０１８年１１月に導入されたプランで、取り扱う金融商品の低コストと多様性が特徴だそうです。左のメニューバーのプランで、セレクトプランの□にチェックを入れてみましょう。この時点で３６本あることが分かります。

(出典：SBI証券　https://site0.sbisec.co.jp/marble/insurance/dc401k/search/dc401ksearch.do?)

⑤元本変動型か、元本確保型か

　ここからは、特に個々人の状況や方針に従って選んでいくのですが、先ずは、損をしたくない、元本を絶対マイナスにしたくないという希望が強くあれば、元本確保型を選びます。

　上段に2つタブがあり、元本確保型をクリックします。

　商品分類を見ると、セレクトプランの場合は定期預金1本が選択できることが分かります。2021年1月以降新規で申し込む際に、リスクを取りたくない、絶対元本を減らしたくない人は、この1本が選択肢です。

（出典：SBI証券　https://site0.sbisec.co.jp/marble/multiget/rightmenu/visitor.do?Param10=search_dc&Param9=dc_lineup.html&Param8=lineup&Param7=dc&Param6=dc.lineup）

⑥投資信託から選ぶ

　2つの選択肢で、今度は元本確保型から、元本変動型の投資信託に変えてみます。

　左の投資信託（元本変動型）をクリックします。

　投資信託は、元本変動型。元本割のリスクはありますから、そこを十分理解した上で、長期投資で時間分散、選ぶ資産クラスで地域分散をして、金融商品を選びます。デフォルトでは、購入金額ランキングの順に並んでいますので、信託報酬の低い順に並べ替えてみましょう。

(出典：SBI証券　https://www.sbisec.co.jp/)

⑦資産クラスを選ぶ

　そもそも、iDeCoの場合、そんなに本数がないので、自分の運用方針が決まっていて、選び方を理解していれば、それほど大変ではありません。

　iDeCoは、長期投資することが大前提です。現行法では、20歳～60歳未満の人が加入でき、60歳～70歳までの期間内の自分の受け取りたい時期に受け取ることができます。50歳以降でも始められますが、最初に開始してから10年以上経過していないと、受け取り開始可能年齢が遅れます。つまり、60歳ではまだ受取り始められない人もいるということです。

　更に、社会保障審議会（企業年金、個人年金部会）でiDeCoの利用方法の変更が審議されている中で、今後、受け取り開始年齢幅の拡大がされる可能性があります。60歳～75歳までの間に受け取るようになるかもしれません。ですので、iDeCoを始めるときの年齢によって、実際運用する年数は変わり、少なくとも10年、長ければ50年、若しかしたら55年になる可能性も。勿論、そのときの経済状況にも左右されるので長ければ必ず殖えるという訳ではありませんが、少なくとも長期になることは時間分散が図られ、リスクが分散されます。

　まずは、第5章でやったように、自分は、どの資産カテゴリーに何パーセントずつの資産を持つのが良いかを改めて自分の頭の中で明確にしておきます。これを資産配分と言いました。

資産配分を自分自身で行うのは面倒くさいという方は、バランス型ファンドだけの選択肢で、選びましょう。

⑧バランス型ファンドで選ぶ
　左側のサイドバーの中で、ファンド分類のバランスにチェックを入れます。8本選ばれます。分類地域を見ると、全てがバランスのグローバルだということが分かります。
　信託報酬の欄を▽で低い順から並べておきましょう。

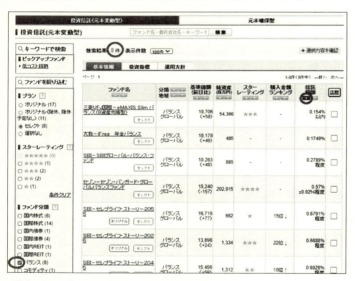

（出典：SBI証券　https://www.sbisec.co.jp/）

　左サイドバー下方の純資産項目に、10億円未満のものも入っているようです。10億円以上にチェックを入れると5本だけに絞られます。

⑨投資指標を見る
　投資指標タブのトータルリターンとシャープレシオを比較して選んでみましょう。
　トータルリターンは、比較するのが長い方がより好ましいので、3年の

250

欄を見てパフォーマンスのいいものを見つけます。シャープレシオは、同じリスクをとった場合にどちらのリターンが高かったかを表す数字なので、数字が大きい方が好ましいです。トータルリターン基準とシャープレシオ基準で、いいものが異なるようです。リターンはあくまでも過去の実績で将来同じ結果が出せるとは限らないので、その辺りは加味できます。

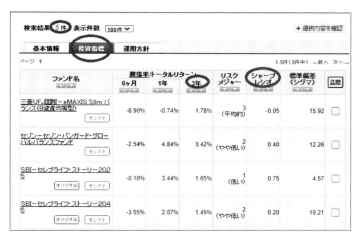

（出典：SBI証券　https://www.sbisec.co.jp/）

運用方針のタブも見ておきましょう。どんな資産クラスのものが組み合わされたバランス型ファンドなのかがここを読めば分かるので、決めるときの参考にしましょう。

比較の列で気になる商品に☑を入れて、比較ボタンをクリックします。

| | 基本情報 | 投資指標 | 運用方針 | | | | | |

ページ 1 　　　　　　　　　　　　　　　　　　　　　　　　　　　　1-5件（5件中）　←前へ　次へ→

ファンド名	騰落率/トータルリターン			リスクメジャー	シャープレシオ	標準偏差（シグマ）	比較
	6ヶ月	1年	3年				
三菱UFJ国際－eMAXIS Slim バランス（8資産均等型） セレクト	-8.90%	-0.74%	1.78%	3 〈平均的〉	-0.05	15.92	☑
セゾン－セゾン・バンガード・グローバルバランスファンド セレクト	-2.54%	4.84%	3.42%	2 〈やや低い〉	0.40	12.26	☑
SBI－セレブライフ・ストーリー2025 オリジナル セレクト	-0.10%	3.44%	1.65%	1 〈低い〉	0.75	4.57	☑
SBI－セレブライフ・ストーリー2045 オリジナル セレクト	-3.55%	2.07%	1.45%	2 〈やや低い〉	0.20	10.21	☐
SBI－セレブライフ・ストーリー2035 オリジナル セレクト	-1.91%	2.66%	1.54%	2 〈やや低い〉	0.37	7.27	☐

（出典：SBI証券　https://www.sbisec.co.jp/）

もうここまでくれば、比較表で選べますね。

投資信託(元本変動型) (銘柄比較)			
	基本情報 パフォーマンス 投資指標 ランキング		
ファンド名	三菱UFJ国際-eMAXIS Slim バランス(8資産均等型) セレクト	セゾン-セゾン・バンガード・グローバルバランスファンド セレクト	SBI-セレブライフ・ストーリー2025 オリジナル セレクト
基準価額	10,706円	15,240円	13,896円
前日比	+58円(+0.54%)	-157円(-1.02%)	+24円(+0.17%)
純資産	54,396百万円	202,915百万円	1,334百万円
モーニングスターレーティング(総合)	★★★	★★★★	★★★
トータルリターン(1年)	-0.74%	4.84%	3.44%
年間分配金累計	0円	0円	0円
購入金額ランキング	-	-	22位(↓)
トータルリターン(1年)ランキング	48位(↓)	20位(↓)	28位(↓)
信託報酬	0.154%以内	0.57%±0.02%程度	0.6888%程度
設定日	2017/05/09	2007/03/15	2012/01/23
協会コード	03312175	96311073	89312121
ファンド分類	バランス	バランス	バランス
投資地域	グローバル	グローバル	グローバル
委託会社	三菱UFJ国際投信	セゾン投信株式会社	SBIアセットマネジメント
レポート	月間レポート	月間レポート	月間レポート

（出典：SBI証券　https://www.sbisec.co.jp/）

　比較機能を活用して十分に各商品を見比べて検討してみてください。

　⑩自分で資産クラスを限定しながら選ぶ
　iDeCo でも、資産クラスを分けて複数商品を選ぶのが鉄則です。iDeCo は、資産クラスを分けて明示してくれているので分かりやすいです。です

が、iDeCo は税制メリットが大きいので、iDeCo で期待リターンの高い資産クラスの金融商品を選び、他の口座でリスクの小さい金融商品を選ぶという人もいます。

⑪国際株式
国際株式の資産クラスの中から、投資信託を選んでみましょう。
　左のメニューバーで、セレクトプランを選ばれていることを確認し、ファンド分類で国際株式の□にチェックを入れます。信託報酬の低い順に並べておきます。

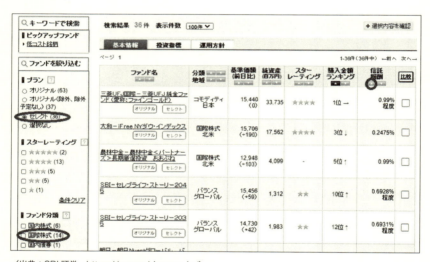

（出典：SBI 証券　https://www.sbisec.co.jp/）

⑫投資指標を見る
　投資指標タブのトータルリターンとシャープレシオを比較して選んでみましょう。
　トータルリターンは、比較するのが長い方がより好ましいので、3 年の欄を見てパフォーマンスのいいものを見つけます。シャープレシオは、同じリスクをとった場合にどちらのリターンが高かったかを表す数字なので、数字が大きい方が好ましいです。トータルリターン基準とシャープレ

シオ基準で、いいものが異なる場合があります。リターンはあくまでも過去の実績で将来同じ結果が出せるとは限らないので、その辺りは加味できます。

（出典：SBI 証券　https://www.sbisec.co.jp/）

　後は、運用方針も見ておきましょう。どの国の、どんなものに投資しているのかが分かります。

気になる商品に☑を入れて、比較ボタンをクリックします。

ファンド名	騰落率/トータルリターン			リスクメジャー	シャープレシオ	標準偏差（シグマ）	比較
	6ヶ月	1年	3年				
三菱UFJ国際－eMAXIS Slim 米国株式（S&P500）［セレクト］	-4.96%	8.49%	-	-	0.39	21.76	☑
ニッセイ－＜購入・換金手数料なし＞ニッセイ外国株式インデックスファンド［セレクト］	-7.62%	3.94%	5.15%	3（平均的）	0.17	23.17	☑
三菱UFJ国際－eMAXIS Slim 先進国株式インデックス［セレクト］	-7.55%	4.03%	5.23%	3（平均的）	0.17	23.17	☑
SBI－SBI・全世界株式インデックス・ファンド（愛称:雪だるま（全世界株式））［セレクト］	-9.29%	1.14%	-	-	0.05	22.79	☐
三菱UFJ国際－eMAXIS Slim 全世界株式（除く日本）［セレクト］	-8.30%	2.60%	-	-	0.11	23.50	☐
日興－インデックスファンド海外株式ヘッジあり（DC専用）［オリジナル 払込予定］［セレクト］	-5.97%	4.63%	5.01%	3（平均的）	0.21	22.12	☑
三菱UFJ国際－eMAXIS Slim 新興国株式インデックス［セレクト］	-13.24%	-6.67%	-	-	-0.24	27.48	☐
大和－iFree NYダウ・インデックス［オリジナル］［セレクト］	-10.72%	0.99%	7.25%	3（平均的）	0.04	22.59	☐
SBI－EXE－iグローバル中小型株式ファンド［オリジナル］［セレクト］	-14.44%	-5.95%	-0.44%	4（やや高い）	-0.19	30.75	☐
農林中金－農林中金＜パートナーズ＞長期厳選投資 おおぶね［オリジナル］［セレクト］	0.05%	12.11%	-	-	0.68	17.88	☐
セゾン－セゾン資産形成の達人ファンド［セレクト］	-6.06%	4.57%	4.65%	4（やや高い）	0.20	23.29	☑

基本情報　投資指標　運用方針

ページ 1　　　　　1-14件（14件中）　←前へ　次へ→

（出典：SBI証券　https://www.sbisec.co.jp/）

比較表で選びます。

	投資信託（元本変動型）			元本確保型	

投資信託(元本変動型) (銘柄比較)　　前のページへ戻る

基本情報 | パフォーマンス | 投資指標

ファンド名	三菱ＵＦＪ国際－ｅＭＡＸＩＳ Ｓｌｉｍ米国株式（Ｓ＆Ｐ５００） セレクト	ニッセイ－＜購入・換金手数料なし＞ニッセイ外国株式インデックスファンド セレクト	三菱ＵＦＪ国際－ｅＭＡＸＩＳ Ｓｌｉｍ 先進国株式インデックス セレクト	日興－インデックスファンド海外株式ヘッジあり（ＤＣ専用） オリジナル私が選ぶ セレクト	セゾン－セゾン資産形成の達人ファンド セレクト
基準価額	16,741円	23,905円	18,071円	41,290円	30,835円
前日比	+13円(+0.08%)	+80円(+0.34%)	+61円(+0.34%)	-70円(-0.17%)	+71円(+0.23%)
純資産	566,123百万円	313,933百万円	235,160百万円	13,015百万円	165,430百万円
モーニングスターレーティング(総合)	★★★★	★★★★	★★★★	★★★★	★★★★
トータルリターン(1年)	44.31%	43.31%	43.33%	35.45%	33.89%
年間分配金累計	0円	0円	0円	10円	0円
信託報酬	0.0968%以内	0.1023%以内	0.1023%以内	0.176%	1.35%±0.2%程度
設定日	2018/07/03	2013/12/10	2017/02/27	2002/12/10	2007/03/15
協会コード	03311187	2931113C	03319172	0231202C	96312073
ファンド分類	国際株式	国際株式	国際株式	国際株式	国際株式
投資地域	北米	グローバル	グローバル	グローバル	グローバル
委託会社	三菱ＵＦＪ国際投信	ニッセイ・アセットマネジメント	三菱ＵＦＪ国際投信	日興アセットマネジメント	セゾン投信
レポート	月間レポート	月間レポート	月間レポート	月間レポート	月間レポート

前のページへ戻る

（出典：SBI 証券　https://www.sbisec.co.jp/）

（4）モーニングスターで、iDeCoの投資信託を選ぶ

　モーニングスターは、SBI グループ企業で、SBI 証券の投資信託パワーサーチに表示されている純資産やトータルリターンなどの各データは、モーニングスター社からの提供だとウェブページ上に明示してあります。データそのものは同じソースなので、モーニングスターで SBI 証券内の iDeCo 商品を比較するときは、基本的には、同じような結果が得られるはずです。

　モーニングスターで、iDeCo（イデコ）の投資信託商品を選ぶ方法を試してみましょう。最初に、自分の金融機関（運営管理機関）が決まっている必要があります。まだ選んでいない方は、本章の【2】iDeCo に戻り、

金融機関（運営管理機関）を選んで決めましょう。金融機関（運営管理機関）が決まると、そこで買える金融商品が限られてきます。

①モーニングスター

モーニングスターサイトのトップページで、一番下のヘッダーにある「はじめての方へ」列の「個人型確定拠出年金　iDeCo（イデコ）」をクリックします。

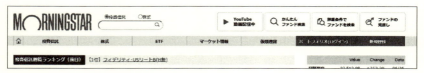

（出典：モーニングスター　https://www.morningstar.co.jp/）

中省略

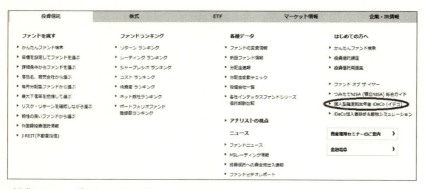

（出典：モーニングスター　https://www.morningstar.co.jp/）

②モーニングスターサイトの iDeCo のページ

モーニングスターサイトの iDeCo のページに行きます。iDeCo は、自分が選んだ金融機関によって買える商品が異なるので、まずは、金融機関比較ガイドを見ます。

258

(出典：モーニングスター　https://ideco.morningstar.co.jp/)

③金融機関比較ガイド

自分のiDeCo用の金融機関名を選択します。例えば、イオン銀行だとします。

(出典：モーニングスター　https://ideco.morningstar.co.jp/compare/compare.html)

④イオン銀行

イオン銀行の運用商品ラインアップが表示されます。資産クラスごとに比較しやすいようにグループ分けされています。運用スタイルも、アクティ

ブかパッシブかが、明記されています。信託報酬、シャープレシオ、モーニングスターレーティングを参考にしながら、選ぶことができます。

商品名をクリックすると、その商品の詳細ページに行けます。また、その下の「積立投資効果をシミュレーションリンク」をクリックすると、積み立てたときのイメージが出てきます。

（出典：モーニングスター　https://ideco.morningstar.co.jp/compare/0040.html）

各資産クラスごとに、信託報酬、シャープレシオ、モーニングスターレーティングを参考にして、1本ずつ選びましょう。

まとめ

　iDeCo は、税制優遇のタイミングが 3 回ある節税効果の高い、私的年金制度です。寿命が全体的に伸び、何歳まで生きるか分からない私たちが、公的年金にプラスして私的年金を作ることは、とても大切なことです。iDeCo に加入できるかどうか分かる加入者診断もこの後にご紹介しますが、加入できるのなら加入しておくと、将来の長生きリスクに備えることになるでしょう。

　iDeCo の申込みをしてから、順調に iDeCo が始められることをお祈りしております。自分年金づくりが、確実に重ねていけますように。

お役立ちポイント

iDeCo（イデコ）の加入者診断

　どの投資信託を選ぶかという前に、一つだけ、やっておくことがあります。イデコは全員加入できるわけではありません。加入できる人できない人、またできた場合も、掛け金の上限が決まっているので、最初に知る必要があります。

　加入者診断は、ネットで調べられるところが多く、iDeCo ナビでも、モーニングスターでも、またそれぞれの運営管理機関でも、検索してやることができることろが多いです。一つできれば、他のところのものも簡単にやり方が分かると思います。モーニングスターも、加入者診断と節税シミュレーションがついているので、ここで見てみましょう。

　①モーニングスターのウェブサイトで、iDeCo 加入者診断をしてみる
https://www.morningstar.co.jp/
　トップページの右側のスクロールバーで、スクロールダウンして、一番下まで行く。

（出典：モーニングスター　https://www.morningstar.co.jp/）

② iDeCo 加入者診断＆節税シミュレーション

モーニングスターの「iDeco 加入者診断＆節税シミュレーション」を選択し、文字の上でクリックします。

（出典：モーニングスター　https://www.morningstar.co.jp/）

③ iDeco 加入者診断＆節税シミュレーションページで診断

iDeco 加入者診断＆節税シミュレーションページにいきます。以下の質問に答えていきます。60歳未満の方のみ、加入できるので、該当したら「はい」と答えて進みます。

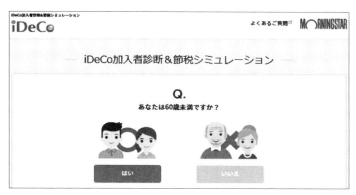

(出典：モーニングスター　https://ideco.morningstar.co.jp/simulation/diagnosis/index.html)

④被保険者のタイプ

　年金の被保険者が何号かによって、条件が変わってきます。自分の現在の状況を選びます。例えば、自営業者だと仮定します。自営業※1を選んでクリックします。

(出典：モーニングスター　https://ideco.morningstar.co.jp/simulation/diagnosis/index.html)

⑤国民年金の保険料の納付

　国民年金の保険料を納付していれば、iDeCoに加入することができます。納付していれば、はいを選びます。

（出典：モーニングスター　https://ideco.morningstar.co.jp/simulation/diagnosis/index.html）

⑥ iDeCo 加入者診断結果

　このパターンですと、iDeCo に加入でき、また掛け金は、最大で月68,000 円かけられます。68,000 円以内であれば、68,000 円満額でなくても、自分の好きな金額を設定できます。

（出典：モーニングスター　https://ideco.morningstar.co.jp/simulation/diagnosis/index.html）

⑦節税シミュレーション

　節税シミュレーションもこの後、チェックすることができます。自分の状況を入力して、いくらくらい節税できるのかなど、見ておきましょう。

264

（出典：モーニングスター　https://ideco.morningstar.co.jp/simulation/simulation/index.html?k=1）

第7章　つみたて NISA と iDeCo（イデコ）

265

おわりに

「投資初心者」──自分のことをそう思っている方、想像以上に多くいると感じます。

「一度は金融商品を買ってみたけどよく分からない。」

「言われるがまま買ってみたけど、自分が投資した金額が大幅に下がってしまった。」

こんな方々の経験を傾聴するたびに、不安を取り除きもう一度初めてもらうことができたらと、この本を書きました。

「投資信託」という言葉がタイトルのついた雑誌はたくさん出版されています。投資信託とは何かを説明し、「分散」「積立」「長期」について書かれている本もたくさんあります。「投資信託ブロガー」や「カリスマ個人投資家」と呼ばれている方々の保有している投資信託の名称を載せている雑誌もあります。米国人のウォーレン・バフェット氏は奥様に対する遺言状で「資産の90%をS&P500に、残り10%を米国の短期国債に」と書いたとかなんとか。ですが、コロナ渦の中、バフェット氏は「日本の5大商社、伊藤忠・住友商事・丸紅・三井物産・三菱商事のそれぞれの株式の5%を所有していることを発表した」というニュースもありました。成功している「投資信託ブロガー」を見習って同じ投資信託を持つのも、バフェット氏の遺言を真似して「S&P500のインデックスファンド」を買うのも、どうなのでしょうか。総資産額が世界で3本の指に入るバフェット氏、他の投資信託ブロガーも、そこで紹介している数本の投資信託だけが彼らの資産とは限りません。彼らのチョイスは、ポートフォリオとして他の資産クラスにも持っている上でのことだと思います。

自分自身が、月々の収入の中から自分の大切なお金を積み立てていくのですから、主体性のある商品選びをしていきたいですね。投資信託は、1つの商品が、万能に誰にでもベストとは限りません。

「自分で投資信託が選べる実用書」これをテーマに本書を書きました。

では、どうやって自分の資産のポートフォリオの中の複数の投資信託を選んでいくのか、これに答えてくれる本は、モーニングスター社の朝倉智也代表が書かれた「投資信託選びでいちばん知りたいこと（ダイヤモンド

社)」しかないと思っています。私の愛読書から得た私の知識に経験を加える形で、ネット証券会社のウェブサイトでどのように選ぶのかを含めて、本を書かせていただきました。

是非、この本を実用書として、パソコンの横に置いて、自分自身に合った投資信託を選んでみて欲しいと思います。そして、自身の資産運用を自分自身で考えるということに前向きに取り組むことに、少しでもお役に立てたら大変嬉しく思います。

世の中のインターネット環境の流れは、スマートフォンが主流で、丸一日パソコンを開かずスマートフォンのみでネットショッピングや調べ物を済ます若者も多いと耳にします。私が本書で取り上げてさせていただいた各社サイトも、スマートフォン対応をしているところがほとんどで、改良に改良を重ねて、使いやすくなってきたスマートフォンサイトもあると感じます。

そのような流れがあっても、ご自身の大切なお金、ご自身の将来人生に関わることですから、日頃開かないパソコンを開けて、時間のある休日などを利用し是非ゆっくり資産運用に取り組んでいただけたらと、敢えてスマートフォンよりパソコンでの実践をおすすめしました。一度投資信託をじっくり検討・選択したら、そこからは1年ごとに観察しリバランスなどのメンテナンスをする、その頻度で構いません。毎日パソコンとにらめっこする必要はありません。また、次の定期的なメンテナンスの際は、スマートフォンで確認するだけでも良いかもしれません。

最後になりましたが、本書の執筆を進めていくにあたり、掲載する実際のサイトの画像使用についての著作権許可を、各社に取りました。その際、大変快く対応していただいた、SBI証券、楽天証券、モーニングスター社に多大なる協力をいただきました。この場をお借りして、お礼を申し上げます。

2021年10月
福田由美

著者プロフィール

福田由美（ふくだ　ゆみ）

独立系FP/財務アドバイザー

都市銀行退職後、渡米し、University of Tenneessee at Martin 経営学部修士修了(MBA)。

財務・会計コンサル会社勤務。一般社団法人ウーマンライフパートナー理事。

資産運用の大切さ・投資信託の魅力などのセミナー講師・執筆も行う。

ていねい図解！　初心者のための投資信託教本

2021 年 11 月 22 日　第 1 刷発行

著　者　　福田由美
発行者　　日本橋出版
　　　　　〒 103-0023　東京都中央区日本橋本町 2-3-15
　　　　　　　　　　　　共同ビル新本町 5 階

　　　　　電話 03(6273)2638
　　　　　https://nihonbashi-pub.co.jp/
発売元　　星雲社（共同出版社・流通責任出版社）
　　　　　〒 112-0005　東京都文京区水道 1-3-30
Ⓒ Yumi Fukuda Printed in Japan
ISBN978-4-434-28813-5　C0033

定価はカバーに表示してあります。
落丁・乱丁本はお手数ですが小社までお送りください。
送料小社負担にてお取替えさせていただきます。
無断転載・複製を禁じます。